戦略マネジメント

Tsukasa Sugiura
杉浦 司

激動の時代を
生き抜くための
スピード経営

関西学院大学出版会

戦略マネジメント
激動の時代を生き抜くためのスピード経営

はじめに──空回りする名ばかりトップマネジメント

　経営戦略、事業計画、管理会計などトップマネジメントが担うべき経営機能はまさに会社の経営を左右するものばかりである。しかし、現実はどうだろうか。経営戦略や事業計画は経営企画部門のスタッフが絵を描いたものを丸投げ承認し、業績管理は経理部が作成した経営資料を後追いするだけというのんきな会社も少なくない。さすがにうちの社長はそこまでひどくないという会社であっても、社長と現場との間で思いや認識の相違はまったくないと胸を張れるところはあまりないのではないだろうか。そもそも経営者は先をみて全体をみて会社の舵をとるべき立場にあり、現場は今をみて持ち場をみて櫓をこぐ立場にある。見えていることも気にすることも異なる水と油のような関係にある両者を、きれい事だけで結びつけることはそもそも無理がある。現場にとっての今は、経営者にとっては過去の時点で見通していた未来が現実化した状態であり、その先にある未来を見通すための出発点でもある。見通していた未来と違う今に対して不満を持ち、今とは違う理想の未来に期待を持つのが経営者である。これに対して、現場にとっては過去こそ現実であり、未来は何が起きるかわからない未知でしかない。経営者と現場とでは過去と未来に対する思いが正反対なのである。このような状況のままで、未来に対する経営戦略を描いたところで現場にとっては絵に描いた餅にすぎず、逆に現状の延長として描いた事業計画は経営者にとって何の魅力も感じない無用のものになってしまうのは当然のことだろう。

　経営戦略の策定や事業計画の編成、管理会計の設計など、トップマネジメントが担うべき経営機能がどうあるべきかについては何も頼るべきものがないわけではない。経営戦略の策定においてはポーター教授の競争戦略やバーニー教授のリソース・ベースト・ビュー戦略、楠木教授の戦略ストーリーなどが、事業計画の編成においてはバランス・スコアカードの戦略

マップ、管理会計の設計においては CSF（Critical Success Factor、主要成功要因）や KPI（Key Performance Indicator、重要業績評価指標）など、有効な理論や手法が次々と世に出てきている。にもかかわらず、トップマネジメントが現場とうまいぐあいに絡み合っているという事例をほとんど耳にすることがないのはなぜなのだろうか。本書を執筆しようと考えた動機はまさにここにある。

戦略マップや戦略ストーリーがどれほどりっぱであっても、それを実際にまわせているかというとそうとは限らない。やり手の創業者が自分で考えた経営戦略を自分の手でまわせていた頃はよかったのだが、企業規模が大きくなって目が行き届かなくなった途端にほころびが生じて破綻したという話をよく聞く。優れた戦略（Plan）は実践（Do）できてはじめて意義がある。

戦略はマネジメントしなければならないのである。本書は学問書ではない。よくある成功のためのノウハウ本でもない。本書は、計画と実行、理想と現実をいかにしてリンクさせるかという戦略マネジメントをテーマとしている。どれだけ革新的なアイデアであろうと、現実成果としてのイノベーションにまで至らなければ空想にすぎない。経営者の頭から生まれた戦略というアイデアを、現実成果としてのイノベーションにまで紡いでいくために必要となるのはマネジメントである。1枚のメモ用紙の書かれた戦略アイデアが実行可能な事業プランとなり、組織運営されるまでには、策定された戦略を展開（①戦略策定プロセス、②戦略展開プロセス）し、組織化（③戦略実行プロセス）していくための方法を知らなければならない。そして、戦略見直しがタブーとならないような現場からトップへのフィードバックのしくみ（④戦略評価プロセス）を構築しなければならない。

戦略マネジメントの取り組みによって、埋没していた戦略アイデアが一つでも多く現実のイノベーションとして結実することを期待している。

平成28年2月18日

杉浦　司

目　次

はじめに──空回りする名ばかりトップマネジメント　iii

第Ⅰ部　マネジメントから取り残された戦略の領域　1

第1章　問題放置され続ける戦略領域 3
1. のど元過ぎれば熱くない、年に一度の戦略イベント
2. 有効性に疑問があるにもかかわらず策定される経営戦略
3. 将来の危機よりも目先の利益を優先する組織体質
4. 目先の忙しさでごまかす戦略への理解不足
5. 何が問題なのかを知られたくない現場と知ろうとしないトップ

第2章　マネジメントとは言い難いトップマネジメント 21
1. 誰も忠告してくれない裸の王様状態の経営者
2. 戦略マネジメントを知らず夢だけ発信してもしかたがない
3. 戦略展開とかい離する縦割り組織と目標管理
4. あまりに貧弱なトップへの戦略フィードバック
5. マネジメント屋がつくる虚像の戦略マネジメント

第3章　シングル・ループがもたらす事件事故 41
1. 崖に向かって行進するデス・マーチはなぜ起こるのか
2. 根本解決に目を向けないマネジメント不在の現場リーダー
3. 知っているくせに見て見ぬふりする無責任体質
4. コトが大きくなってから事情を知らされるトップの無念
5. 戦略は軌道修正が必要な「一勝九敗」的なもの

第Ⅱ部 なぜ戦略をマネジメントすることが必要なのか　57

第4章 鳥の目虫の目魚の目を駆使して見つける繁栄への道....59
1　その経営計画は経営環境を鳥瞰できているか
2　先にあるチャンスやリスクをキャッチする魚の目
3　前だけでなく足下にも虫の目で注意する
4　鳥の目虫の目魚の目を併せ持つ戦略眼

第5章 戦略に疑いの目を向けるためのダブル・ループ....73
1　PlanDoSee サイクルにまつわる混乱
2　行ったきりで戻ってこない PlanDo マネジメント
3　階層ごとのマネジメントループを結びつける
4　らせん構造で実装する戦略マネジメント
5　戦略マネジメントの鍵を握るミドルマネジメント

第6章 フィードバックありきの戦略マネジメント........87
1　振り返りの時間を求めない現場の常識を改革する
2　PlanDo から切り離された See の再連結
3　上位へのフィードバックに必要となるバリデーションの考え方
4　経営報告を儀式にさせないためのマネジメントレビュー
5　戦略マネジメントに不可欠となる管理会計の確立

第Ⅲ部 戦略マネジメントの全体像　103

第7章 スタンダードがあるようで存在しない戦略策定の形（①戦略策定プロセス）..........................105
1　ミッション、ビジョン、バリューのステートメント再確認
2　3C、5Force による経営環境の見える化
3　SWOT 分析から戦略ストーリー引き出しまで
4　戦略ストーリーからバランススコアカード戦略マップへの展開
5　因果関係分析による CSF、KPI の見極め

6　能力分析と将来予測にもとづく行動目標の設定
　　　7　損益モデルにもとづくアクションプラニング

第8章　コミュニケーションが決め手となる戦略展開
（②戦略展開プロセス）..........................131
　　　1　計画文書への上位リンクの実装
　　　2　部門の壁を越えるマネジメント体制
　　　3　因果関係で戦略を末端作業まで結びつける
　　　4　全体像と順序感が問題となる予算編成
　　　5　マネジャーに求められるプロジェクトマネジメントスキル

第9章　シングル・ループを許さない実行段階での戦略リンク
（③戦略実行プロセス）..........................147
　　　1　らせん構造スタイルによる上下ループの有機的結合
　　　2　上位管理者と下位管理者の役割をRACIモデルで再編する
　　　3　Doオンリー現場へのPlanおよびSee機能の組み込み
　　　4　トップ戦略と現場方針との整合性確保が決め手
　　　5　行動予定と業務報告から見直すダブル・ループへの変革
　　　6　戦略カタリストによる垂直水平自由な意思疎通

第10章　戦略見直しをタブーにしないためのデータ分析と
オープン経営（④戦略評価プロセス）.............161
　　　1　フィードバックがあってこその戦略マネジメント
　　　2　戦略マネジメントからみた管理会計の現状とあるべき姿
　　　3　因果関係を抜き出して戦略インプットするデータアナリストへの期待
　　　4　戦略修正のための助言ができるキャディー型人材への期待
　　　5　データ経営の集大成DMP

　　　終わりに──戦略とマネジメントを一体化せよ　　175

　　参考文献　　177

第Ⅰ部

マネジメントから取り残された戦略の領域

第1章

問題放置され続ける戦略領域

1 のど元過ぎれば熱くない、年に一度の戦略イベント

● 1年で一番現場が遠くなる季節

　年に一度、どこの企業でも課長や部長の機嫌が悪くなる時期がある。3月決算の企業であれば、毎年12月頃から次期の予算づくりが始まる。売上はいくら上げるのか、コスト削減はできるのか、そのために何をするのか、上からの大号令に組織内はてんやわんやのお祭り騒ぎとなる。

　形に違いはあれ、どこの企業でも会社全体の事業方針が定められ、その方針内容に従って各部署が部門方針を策定している。営業部門であれば新規営業の増大や既存客の取引増大などを、物流部門ならば在庫のコストの縮小や納品スピードのアップなどを、製造部門ならば製造原価の低減や品質改善、納期短縮などを、経理部門ならば経理業務の効率化や早期決算などを、総務部門ならば経費削減や人員の適正配置などを、業務方針として毎年少しずつ形を変えて作成しているのが実情だろう。ひどい場合は、部門間の調整もなく各部門が自分勝手に方針策定している。

　うちはバランススコアカードを使っているから大丈夫という会社でも、その多くが縦割りのままでの計画フォーマット利用にとどまっており、部署の壁を越えた連携方針を描けていないケースがほとんどではないだろうか。後述するバランススコアカードにしても、EVA（Earned Value Management、アーンドバリューマネジメント）やMVA（Market Value Added、市場付加価値）といった経営指標を使っていようとも、問題はそ

第I部　マネジメントから取り残された戦略の領域

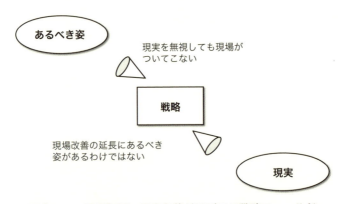

図表1-1　現場無視、現実主義がはびこる戦略フィールド

れが本当に組織の姿を現しているかである。課長や部長が机にかじりつき、予算書類の作成に必死になっている横で部下達は「今」起きているトラブルに走り回っていないだろうか。社員の能力育成を来期の計画に書き込んでいる横で転職先を調べている社員はいないだろうか。予算や計画は現状の単なる延長ではいけない。しかし、現状を変える必要性を無視した予算や計画は単なる作文にすぎない。こうしたできあがった来期予算や事業計画はトップを安心させ、翌年の年末になって、予算未達、計画倒れに対する叱咤とともに、部課長は例年どおり机に向かって言い訳にすぎない資料づくりに没頭するのである。

そして、年に一度の戦略イベントものど元過ぎれば熱くないとばかりに、しばらくの間、彼らは平和な時を謳歌することになるのである。

●年々作り方だけうまくなるビジネスプラン

経営戦略や事業計画、年度予算などトップマネジメントにおけるプラニング手法にはさまざまなものがある。前述したバランススコアカードのほかにも、アメーバ経営や知的資産経営、目標管理制度など色とりどりである。予算の数字づくりのために必要となる実績評価にしても、データウェアハウスや需要予測ツールなどIT経営の利便性を謳歌している企業は少

なくない。しかし、だからといって、計画どおりに経営がうまくいくとは限らない。計画資料の作成だけうまくなったところで、結果が付いてこなければ、結局のところ何の意味もない。数カ月で数千万円もとるようなシンクタンクやコンサルファームに支援を要請したところで事態はあまり変わらない。

　どんなにりっぱな戦略も計画も実現しなければただの紙切れにすぎない。計画もそこそこに経営者自らが営業にまわり、業務は現場まかせという豪快なビジネススタイルの会社が大きな成果を出していたりすると、結局のところ、戦略策定や計画立案という作業自体がナンセンスなのではという疑問が生まれてきてもおかしなことではない。どれほど精緻で高度なビジネスプランを用意していようが、増収増益という業績を持つ企業の前には立場がない。業績という成果に結びつかないような戦略や計画など勇気を出してさっさと捨ててしまうべきなのである。

●部下不在で自己の出世と防衛のための部門発表

　年度予算といったプラニングがうまくいかない理由はトップだけに責任があるわけではない。大号令のもとで部門予算を作成する部課長達にも問題がある。本来、プラニングは PlanDoSee サイクルのスタートであり、その内容が実行に移されて業績という成果にまでたどり着かなければ何の意味もないはずである。しかし実際には、プラニング作業自体が Do となり、計画書の作成がゴールとなっているケースが少なくない。部課長達にとっては、プラニングの善し悪しが自分達の評価につながるため、自己の出世と防衛のために一生懸命がんばるのである。そこには部下の存在など念頭にはなく、自分達の部下が将来どうなるのかなど考えもしていない。自分達の身を守ることで精一杯なのである。トップはトップで考えている自社の将来の姿を社内外に見せなければならず、経営企画部門も部門に対して叱咤激励している姿をトップに見せなければならず、各部門の部課長は自分だけができの悪い幹部と思われたくない。そしてまわりの社員もまた、不用心なことを言って邪魔者扱いされたくないし、余計な仕事がま

わってくるのも嫌だと思っている。おまけに社外からは高額報酬を狙って悪質なコンサルタントがわんさかと近づいてくる。誰もが自分のために動いているのであり、誰も会社のためにがんばろうとしていないのである。

●かけひきで丸く収める玉虫色の経営戦略

予算策定のために毎日夜遅くまで残業が続いた日々も、最終締切日が近づいてくると、なぜか収束に向かうこととなる。合宿までして社内調整した事業計画も最終日の終わりともなると、意見も出なくなる。ここまでがんばったのだから、これだけ議論したのだからと、後は最終日に各自提出しなさいということで幕引きとなる。部門間での目標の押しつけ合いも、お互いがしかたがないなというあたりで落ち着くこととなる。どこの部署がやるのかはっきりしない目標や、どうにでも解釈できそうなあいまいな表現をとることもある。予算や事業計画は策定しないと格好がつかない。しかし、誰も責任は取りたくない。こうして、玉虫色の経営戦略や経営計画ができあがる。そして、たいした意義もない玉虫色の予算や計画が完成したことにトップは安堵し、中間管理職達は開放感に浸るのである。

2　有効性に疑問があるにもかかわらず策定される経営戦略

●ネガティブ意見を言えなくする軍隊的雰囲気

年配の人に多く見られるのが、自分の意見に合わないものを好ましく思わず排除してしまうことである。特に目標達成にネガティブな意見はやる気がないと切り捨てて、根拠の薄い売上目標や行動計画を押しつけようとする姿は見ていて痛ましい。目先のことだけを考える人は、人の上に立って行動を指揮するような立場に向いていない。形勢が不利ならば勇気を持って撤退し、陣営を整えてから再出発すべきである。にもかかわらず突撃を命じる将は無能であり、組織を破滅へと向かわせるだけである。業績優れる企業では、シニアの役員が若い優秀な社員を積極的に取り立てて、

優れた意見に対して誠実に耳を傾けている。自分達のポジションを守ることで頭がいっぱいの上司達は、自分達の無能さを明らかにしてしまいかねない若手社員をつぶしにかかる。これでは優秀な社員が育たないだけでなく、組織の将来も危うくするだろう。

●因果関係を無視したストーリーレスの何でもあり経営

　売上が上がらないからといって、値引きやキャンペーン、テレマーケティングなどやれることは何でもやればよいというものではない。破れかぶれに撃ってみたところで弾の無駄づかいになるだけであり、仮に売上があがったとしても何が効いたのかわからず、無駄なものまでやめることができなくなってしまう。それどころか強引な営業によって良心的な顧客は少しずつ離れていき、社員もまた士気を失っていく。戦略とは組織にとっての因果関係をストーリー化したものであり、戦略なき経営は結局、ストーリーが描けずに気になることは何でもやる無謀に走るか、何事にも結果を恐れて手を出さない臆病になるかのどちらかである。ストーリーを描いたとしても必ずしも思い通りにならないとしても、なにも考えずに行動する戦略なき経営よりは成功する確率が高いのは当然のことである。

●自分がつくったストーリーを盲信し軌道修正できない

　ストーリーを描いても必ずしもその通りになるとは限らない。むしろ、戦略ストーリーはゴルフの一打目に当たるようなものであり、一打ずつ進むにつれて軌道修正していかなければならないものである。にもかかわらず、実際にはいったんトップが承認した戦略を変えることがタブーとなっていることが少なくない。PlanDoSeeではなくPlanDoになってしまうのである。トップが言ったことにおかしなことがあっても誰も進言せず、結果がすでに出ているにもかかわらず誰も報告しないといった、おかしなことが現実に起きている。これでは戦略が現場の足を引っ張っているだけである。

●障害となる前提条件、制約条件に気づきながら口をふさぐ

トップがおかしなことを言っても誰も意見しないという状況はさほど珍しいことではない。思い込みによって真であると決めつけてしまっている条件を前提条件といい、変えたいと思っていても変えられない条件を制約条件という。いずれも戦略策定上の障害となるものであるが、その性質は異なる。前提条件はその真実を調べることによって間違いを正すことができるが、制約条件は正しかろうが間違いだろうが受け入れるしかない。制約条件の例としては規則や予算がある。

悪法であっても法律は守らなければならないし、与えられた予算はそれ以上資金がない限りどうしようもない。これに対して、前提条件の例は根拠のない思い込みや前例主義である。トップの指示を制約条件ととらえてしまえばもはや逆らうことはできない。いわゆる絶対命令である。

しかし、前提条件とわかればその誤りの可能性について考えることができる。しかし、現実にはトップも自分の意見が制約条件なのか前提条件なのか深く考えてもいないし、部下もうかつに意見して怒られるくらいなら黙って言うことを聞いておこうと考えているのが常だろう。こうして実行できない戦略、実行されない戦略が乱発され、結局は現場によって無視されていくこととなる。そして、トップは現場に不審感を抱き、現場はトップをますますあしらうようになっていく。悪い意味で戦略が組織を決めているのである。

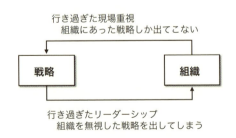

図表1-2　戦略が先か組織が先か

第1章　問題放置され続ける戦略領域

●どうせ同じ、どうせやめるのだからと意見を言わない

　朝令暮改とは命令が頻繁に変更されて一定しないことを意味し、三思後行とは熟慮したのちようやく実行することを意味する。朝令暮改と三思後行のどちらがよいだろうか。結局、信念と勇気を持ってするかしないかの違いであり、変わらないでいるのも変わろうとするのもどちらも正しい。問題は、どうして変わらないのか変わるのかの理由を知ることなく、ただ命令に従うだけの社員の姿勢にある。どうせ同じ、どうせやめるのだからと意見を言わない輩が戦略を骨抜きにしていくのである。戦略を考えるのはトップの仕事、俺たちはただ言われたことをやればいいという中間管理職がいる組織は変革を急いだ方がいい。どんなに優れた戦略を立てたところで骨抜きにされるだけである。戦略は立案して終わりではない。実行が伴わなければ意味がない。実行部隊のリーダーこそ戦略を理解しなければならない。経営方針が壁に貼ってあるだけで社員は目もくれないという職場では、戦略はお題目にすぎず直属の上司が最大のボスと化してしまっている。戦略で動く組織をつくるためには、ミドルと呼ばれる中間管理職の意識改革が不可欠なのである。

●外向け発信のために絵を描く経営戦略の危険性

　経営方針開示が必要となる上場企業だけでなく、非上場の中小企業においても明確な経営戦略なくしては金融機関からの借り入れや公的助成金を受けることが難しくなる。こうして普段は経営戦略どころか事業計画や予算すら十分に編成できていないのに、出資や融資を受けるために外面をよくするためだけの経営戦略ができあがることとなる。助成金にいたっては、助成金獲得コンサルタントが暗躍し、そこに書かれた意味すらわからないといった事態も起きる。本来ならば中長期的な組織の発展をめざして経営者自身が策定すべき経営戦略が目先の資金繰りのために、しかも自社に何の愛着も持たない他人の手によって策定されるのである。そして現場に対しては、経営戦略の実行状況を報告するために、つじつま合わせの業務指示が出されることとなる。このようなことばかりやってきた組織で

は、トップも現場も経営戦略など外部の人間をだますための手段にすぎないという思いが定着し、誰も本気で取り組もうなどとは思わない。人をだましてきたツケはそう簡単には精算できるものではないのである。

3 将来の危機よりも目先の利益を優先する組織体質

●中長期計画にまで持ち込まれる売上志向、利益偏重

組織目的に売上や利益を掲げるのは危険である。売上や利益は結果であり、結果自体を目的にしたところで何をすべきかという戦略はそこから決して出てこない。顧客が増えるから売上があがるのであり、顧客価値が高いから利益が大きくなる。組織が立案すべき戦略は顧客創造や顧客価値の増大を図るものでなければならない。前者はマーケティングや営業戦略であり、後者はマネジメント戦略として展開されることとなる。どれだけの顧客数を獲得し、どれほどの顧客満足を生み出すかによって、結果としての売上や利益が生まれるのである。にもかかわらず、多くの組織において売上志向や利益偏重の中長期計画が策定されている。そして、本来、中長期計画の前に立案すべき顧客創造および顧客価値増大のための戦略が、中長期計画を実現するための戦術として現場部門が検討していたりする。これでは本末転倒であり、計画された予算に対するつじつま合わせの施策しか出てこない。部署の壁を越えて中長期的な視点を持った全社的な戦略など期待できるわけがない。顧客創造と顧客価値の増大のための戦略が先に合って、そのための予算編成や実施順序を調整するために中長期計画の策定があるはずである。

●苦い良薬を受けつけない事なかれ主義の蔓延

計画の前に戦略があるべきだという正論を社内の誰かが声を上げたとしても、組織はそう簡単には変わるものではない。いきなり部署の壁を越え、長期的な視野を持って戦略を考えよと言われても、あまりにも壮大す

ぎて何から手をつけてよいのかわからないし、いつ成果が出るのかもわからない。何よりも自分のポジションや部署に成果が出ないかもしれない。そんなことになれば今いる部署も役職も不要になるかもしれない。今度は組織が戦略を決めているのである。

　顧客創造と顧客価値の増大のためにやるべきことは本質的にどこの組織でも同じで、お客様を大切にすることであり、お客様のために最大限の努力を惜しまないことである。しかし現実の企業活動では、既存客の対応よりも新規客の獲得に必死であり、できる限りのコスト削減によって取り分を増やそうとしている姿を見ることの方が多いように思われる。その結果、派手な広告や値引きによる顧客の奪い合いが始まり、新規獲得にかかった広告費用や値引き分を取り返すために既存客にかかるコストを下げることとなる。そして、役員会では毎年、顧客の離脱や利益率の悪化が話題となり、結論の出ない議論を繰り返すことになるのである。現場もまた、丁寧な接客や品質管理の徹底といった成果が出にくい地味な方策よりも、新規集客キャンペーンや値引きセールといったすぐに打ち上がる花火を欲しがる。これでは優良な既存顧客の心が離れていくばかりである。

●自分がわからないことを軽視して、わかっていることを重視する

　知っていることだけで戦略を策定し、計画を立案するのは楽である。未知なことは何もなく、それを実行するうえでの不安もない。後述するSWOT分析のところで詳説するが、既知の機会（チャンス）に対して既知の強みを活かす戦略が残っているとすれば、それは過去の怠慢にすぎない。

　本来的な機会はチャンスにもピンチにもなりうる不確実なリスクである。リスクテイクして成功すれば事後的に機会であったことが確認でき、失敗すれば脅威であったと再認識することとなる。すでにチャンスであることが明白な機会にはリスクとしての不確実性はなく、残っているとすれば極めて幸運な状況である。おいしい話には裏があるというように、あまりにもできすぎた話には大きな脅威が隠されているかもしれない。戦略策定において重視すべきことはすでにわかっていることではなく、どうなる

第Ⅰ部　マネジメントから取り残された戦略の領域

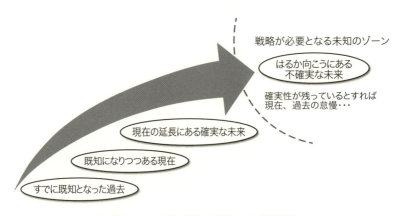

図表1-3　不確実性を重視する戦略策定

かわかっていない不確実なことである。明日の戦略、来年の戦略というものがあり得ないわけではないが、5年後、10年後のビジョンを描くことが戦略と呼ばれることの方が多いのは、そこに不確実性がついて回るからである。

●破滅に向かって全員で邁進するデスマーチ経営

不確実性を避けることの愚かさについて述べたが、実はもっと愚かなことが現実の経営では存在する。確実なことすら避けてしまうことがあるのだ。まるで崖に向かって行進するかのように、失敗することが明らかであるにもかかわらず、そのまま失敗へと突き進むことをデスマーチという。こうしたことが起きてしまうのは、戦略策定すべきリーダーが不確実性を避けるだけではなく、都合の悪い情報に対して聞く耳を持たないことが原因である。自分が策定した戦略が間違いだったことを認めたがらず、戦略を修正せずに実行レベルでなんとかしようとする結果がデスマーチとなる。戦略がそもそも不確実な要素を相手にするものだということがわかっていれば、戦略どおりにいかないのは当たり前のことであり、戦略には軌道修正がつきものであることもわかるはずである。自分が知っている確実なことだけにもとづいてしか戦略策定せず、少しでもその確実性に不安を

第1章 問題放置され続ける戦略領域

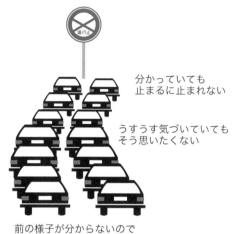

図表1-4 今日もどこかでデスマーチが起きている

抱かせるような意見を排除し、破滅に向かって邁進する、そのようなリーダーはまわりにいないだろうか。

4　目先の忙しさでごまかす戦略への理解不足

●戦略プロセスを聖域化する企画屋と現場に逃げ込む戦略嫌い

　5フォースやSWOT分析、CSF（Critical Success Factor、主要成功要因）、KPI（Key Performance Indicator、重要業績評価指標）など戦略策定において知っておくべき専門的な分析手法は少なくないし、その習得にはビジネススクールに通うかどうかは別としても、それなりの努力が必要なのは間違いない。上場企業では経営企画室など経営戦略立案のための専門部署を設置して、MBA（Master of Business Administration、経営学修士）など戦略策定に長けた人材を社外からスカウトすることすらある。しかし、経営陣に近いポジションから人ごとのように社内問題を指摘する彼らが現場から歓迎されるはずがない。その中に真実が含まれているとし

ても、現場の大変さを理解しようとしない彼らの意見は感情的に受け入れられない。何十年前も起きていたデスクワークを得意とするホワイトカラーと現場作業を得意とするブルーカラーとの戦いは、戦略プロセスを聖域化する企画屋と現場に逃げ込む戦略嫌いという形に変えながら今なお本質的には残っているのである。

●グレシャムの法則は戦略プロセスにも起きる

「悪貨は良貨を駆逐する」で有名なグレシャムの法則は戦略プロセスにもあてはまる。リスキーな戦略案は敬遠されて無難な戦略案が好まれる。これまでやってきたことを間違いとする戦略案を不愉快に思い、過去の業績をよしとする戦略案を高評価する。自分が理解できない実行する自信がない戦略案は能力の限界をさらすようで怖くなって排除してしまう。戦略案を中身や有効性で選択するのが当たり前であるにもかかわらず、現実には意思決定者の好みや心地よさで選ばれているケースは少なくない。上司に意見を握りつぶされた優秀な部下はやる気をなくし、転職先を探し出す。その結果、職場はやる気のない社員にあふれ、無難な意見しか上申されなくなっていくのである。

図表1-5　戦略プロセスにもあてはまるグレシャムの法則

第1章　問題放置され続ける戦略領域

●忙しさで崩壊するマネジメントサイクル

　まだ見ぬ将来のリスクよりも目の前のトラブルを優先するのは人の常である。先を見通しにくく対策を考えるのが難しい場合はなおさらである。困難に立ち向かうよりも日常の多忙に逃げ込んだ方が楽である。特にこの傾向が強くなるのがミドルマネジャーの層である。中間管理職として時にはトップからの指示を受け、時には部下に指示を与える立場にある。しかし、自らもプレイングマネジャーとして多忙なために、トップからの指示内容をうまく自部署の計画に落とし込めず、部下の勤務状況もまともに見ることができていないため、トップに対して正しい現場事情を報告できない。いつのまにかPlanDoSeeによるマネジメントサイクルが、多忙を理由にDoだけになってしまっている組織が珍しくないのである。

●良否をレビューされない作りっぱなしの経営戦略

　経営戦略のできは見た目や論理性で決まるものではない。どれほど優れた戦略ストーリーであっても実行されなければ、ただの空想話にすぎない。反対に、ありきたりでインパクトが小さい戦略ストーリーであっても、それを実行したことで次の戦略に結びつく経験を得られたのであればその価値は大きいといえるだろう。しかし、実際には経営戦略は策定されることはあっても、レビューされることはあまりない。本来、経営戦略の結果を評価するのは簡単なことではない。経営戦略が失敗したとしても、その原因がどこにあったのかを見極めるのは難しい。経営戦略自体が悪かったのか、経営戦略を組織にうまく展開できなかったのか、組織が経営戦略をうまく実行できなかったのかなど、いろいろな局面において失敗の原因が考えられるからである。経営戦略を適切にレビューするためには、うまくいった、いかなかっただけでなく、なぜうまくいったのか、いかなかったのか、どのようにやったのか、何が起きたのかという詳細レベルまで分析しなければ見極めることができない。そして、こうした過去の経営戦略の有効性を評価することが、経営戦略策定における重要プロセスとなる。過去からの学びや気づきがあってこそ、将来に向けた構想が生まれるのである。

第Ⅰ部　マネジメントから取り残された戦略の領域

●現場の仕事にまで落とし込まれてこその戦略策定

「顧客満足の向上」とか「サービス品質の強化」と言われても、具体的に何をすればよいのかまでは見えてこない。「無駄なコスト削減」と言われても、何が無駄なのかわからない。具体的に何を指すのかがはっきりしない経営戦略は、単なるお題目になるか、意味を誤解して実行されてしまいかねない。経営戦略はトップが発信するものであっても、その内容は現場まで浸透するものでなければならない。トップが現場の事情を痛いほど知っているからこそ凄みがあるのであり、現場もトップの覚悟を思い知ることができる。戦略策定はトップマネジメントの仕事であるという大きな誤解を解かなければならない。策定された経営戦略を承認するのはトップマネジメントだが、それを策定するのはトップもミドルもローも関係ない。社長も部長も課長も平社員もそれぞれの立場で経営戦略の策定プロセスに参画しなければならないし、参画できなければならない。トップと現場が乖離する組織に生きた戦略は生まれない。ミドルマネジメントがトップマネジメントとロワーマネジメントを分断している組織にマネジメントは機能しない。

5　何が問題なのかを知られたくない現場と知ろうとしないトップ

●意図的に分断された戦略と組織、そして業務

期末が近づくと社長室が賑やかになる。そこでは一般社員には知られたくない事業方針や組織人事が一部の幹部だけで決められる。役員会、幹部会、戦略会議など経営戦略に携わるのは限られた上層部であり、それ以外の社員には決定事項だけが伝達されることとなる。部課長といえども社内主流派からはずれた人には会社経営に意見を述べる機会は与えられず、主流派系列の人は社員の待遇すら優遇される。その光景は、まるで江戸時代の直参旗本と外様大名の関係のようであり、政治家の派閥闘争とも何ら変わるものではない。どれほど優れた戦略構想を持とうが、主流派になれ

なければ出世の目がないとなれば、強い者に気に入られようとお世辞やおべんちゃらに長けた社員が幅をきかすのはテレビドラマの世界だけではない。結局、組織を支えているのは現場で黙々と仕事にいそしむ社員達であり、彼らもいずれ出世街道から外れたやる気をなくした社員となるか、社外にチャンスを求めて辞めていくかもしれないのである。

●報告のために用意された報告に満足する経営陣

毎年、事業計画や予算編成の時期になると、見栄えとページ数だけは立派な報告資料が作られては廃棄されていく。資料作成のために一部の社員が毎晩徹夜をしてデスクワークに専念する。彼らに現場の声を反映させるような余裕はない。資料づくりが目的となり、上の人間を納得させることが目標となっている。社長や局長、知事、事務次官、大臣など組織によって役職名は違えどその実態はほとんど同じようなものである。現場に対してはほんの数回ほどのヒアリングをするだけで、極端な意見は封じ込められ、資料作成を担当する企画屋の都合のよい内容へとできあがっていく。そのような実態を知ってか知らないか定かではないが、幹部達は無難な報告に対して無難な意見を交換し、無難な修正を加えたうえで審議終了となる。そこには危機感のかけらもなく、危機的状況になっても現場の実行部隊のせいにする。残念ながら若い時に優秀だった社員も出世して幹部になってしまうと、こうした旧態依然とした枠組みにすっぽりと収まってしまうことが多いようである。

●重役室にいるだけでは現実に起きていることはわからない

多くの組織では出世すると、オフィスの奥の方へ奥の方へと引っ込んでいく、そして重役室にまで上り詰めたときには現場から遠く離れ、顧客の声が聞こえないどころか社員の姿すら見えない雲の上へと住処を変えてしまう。顧客の声も社員の姿もない所で重役室の椅子に座りながら営業戦略や人事方針をまともに考えることなどできるだろうか。優れた司令官は現場にこそ陣をとる。安全な場所に隠れていては戦況が見えないだけでな

く、兵の士気もあがらない。高級椅子に座るのは引退してからでも遅くない。選手と同じユニフォームを着て、選手相手にノックし、相手チームのピッチャーの剛速球を肌で感じてこそ、いかに戦うべきかを考えることができる。

赤字決算という結果が出るはるか前に現場では負け戦さを感じ取っていたはずである。役員達が年に数回の会合において、市場構造の激変や急速な技術革新といった経営環境の変化について懸念しているとき、すでに現場ではその懸念という火が燃え広がり、火消しに追われていた者がよそに逃げる準備をしているかもしれないのである。

● CSF が戦略と現場をリンクするための鍵となる

営業力の強化、コスト削減、品質向上など経営戦略や営業方針において設定されるスローガンや取り組みテーマはどこの企業でもみられるものである。やるべきことはどこでも同じであるならば、会議ばかりやらずにさっさと現場に出ればいいじゃないかという戦略不要論者に分があることになる。しかし、実際には現場だけでは大きな問題を解決できない。事件は現場だけでなく会議室でも対策を考えなければいけないのである。スローガンや取り組みテーマはどこの企業でも同じであっても、そのためのアプローチは違う。同じ営業力の強化でも、新規客営業がテーマとなる企業もあれば、既存客の客単価アップや新規案件の獲得、離脱防止がテーマとなる企業もある。コスト削減においても十分にスリム化された製造原価ではなく、販管費の中に埋もれている顧客対応コストが問題になるかもしれない。品質向上にしても、材料なのか作業なのか、設備なのか何が不良の原因かを突き止めなければ何をやればよいのか見えてこない。

経営戦略や営業方針上のスローガンや取り組みテーマを成功させるために決め手となるものを CSF と呼ぶ。CSF は組織によって千差万別であり、まさに現場をみなければ見えてこないものである。優れた経営者は皆、現場を重視する。そこに成功のための鍵である CSF を見つけるためのヒントがあるからである。現場にヒントがあるからといって CSF を現

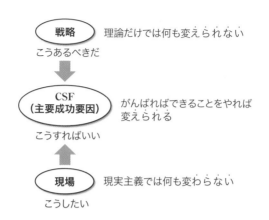

図表1-6　戦略と現場を結びつけるCSF（主要成功要因）

場の人間が見つけられるかというとそうでもない。戦略不要論者は現場重視という点において正しいが、何が問題かを見つけるためには全体を見渡す目、先を見越す目を持たなければならないという決定的な条件を見落としている。そして、それこそが戦略眼であり、経営者の資質なのである。

第2章

マネジメントとは言い難い
トップマネジメント

1　誰も忠告してくれない裸の王様状態の経営者

●トップマネジメントとは何なのか

そもそもトップマネジメントとは何なのだろうか。経営陣を指すこともあれば、その活動である戦略策定や事業計画を指す場合もある。問題はトップマネジメントが何なのかではなく、何をすべきかである。トップマネジメントがうまく機能しなければ組織の成功と存続を危うくすることは明らかである。トップマネジメントが果たすべき役割は戦略策定や事業計画だけではない。それを実行指揮し、その結果を測定分析し、策定した戦略や計画を継続的に評価、修正していかなくてはならない。これらの活動を大きな組織において一人で行うことは不可能である。ドラッカーもチームとしてのトップマネジメントを提唱している。一人企業でない限り、社員に戦略や計画を伝えなければならない。そのやり方を教えなければならない。そしてその結果を聞かなければならない。大きな組織になればなるほど、トップが考えた戦略や計画を実行部隊に伝えるのは難しく、そのやり方を指揮し、結果評価することも大変である。にもかかわらず、多くの組織においてトップは戦略策定や事業計画にしか注力していない。何十頁、何百頁もある複雑な経営方針、中長期計画をどれだけの社員が理解できているのだろうか。その具体的な実現方法はトップがイメージしたものと合致しているだろうか。トップへのフィードバックはタイムリーかつ的を射た内容になっているだろうか。トップマネジメントは裸の王様になっ

第Ⅰ部　マネジメントから取り残された戦略の領域

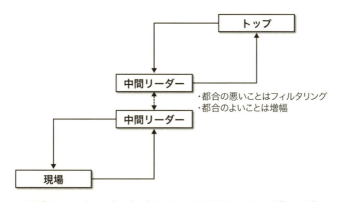

図表 2-1　トップマネジメントにおけるミッシングリング

てはいけない。させてもいけない。

●なぜ多くのメーカーはクラウド対応が遅れたのか

　電子書籍や音楽ダウンロード、映画鑑賞までクラウド利用が当たり前になりつつある。その主役はアップルやグーグル、アップル、マイクロソフト社であり、国内企業はみな出遅れた感がぬぐえない。紙の書籍がなくなるかもしれない、CD や DVD がなくなるかもしれないといった将来不安や課題を国内の出版社もメーカーも持っていたはずである。にもかかわらず、電子書籍ではネット小売業者のアマゾンに、音楽機器では後発のアップルの後じんを拝すことになったのはなぜだろうか。出版業界はアマゾンにはその前にもインターネットコマースで痛い目にあっていた。そこに脅威および機会に対する認識の甘さはなかったのだろうか。大手企業ならばどこでも SWOT 分析くらいはやっていたはずである。問題は経営陣がそこから何を感じたかである。人間の脳には体中の神経網を通じて五感による危険情報が瞬時に伝わる。現場社員が感じた脅威および機会の情報はトップに伝わっていただろうか。頭だけでは人間も組織も生存できない。マネジメントはサイクルであり、フィードフォワード、フィードバックが不可欠なのである。

第2章　マネジメントとは言い難いトップマネジメント

●フィードフォワード、フィードバックをとても気にしていたユニクロ柳井社長

　ファーストリテイリング社の本社がまだ山口県にあった時期、筆者はコンサルタントとして従事していた。その頃、柳井社長は日替わりでいろいろな社員と昼食をともにしていた。オフィスはフラットな平屋造りで社長がオフィスを回り歩いているのも珍しくなかった。今になって考えると、柳井社長は現場へのフィードフォワードと現場からのフィードバックをとても重視されていたのだろう。一部の企画メンバーによって加工されたフィードバックの内容を怪しまない経営者とは比べようもない。社員が日頃顔を見ることもめったにない社長は現場で起きていることをどれほど理解しているのだろうか。柳井社長は常にこう言う。「どんなに経験を積んだところでビジネスにおいて全勝はあり得ない。ビジネスとは一定の割合で失敗するものでもあるからだ」と。しょせん、戦略とは一勝九敗程度の仮説に過ぎないとわかっているからこそ、現場とのフィードフォワード、フィードバックを通じて、軌道修正を図っていたのだろう。

●組織構造を無視する縦割りの戦略展開

　現場を知らない、現場を無視するトップマネジメントは、自社の組織構造もよくわかっていない。実際の組織構造は、教科書に書いてあるような単純な階層構造でもなければマトリクスのように理路整然としたものでもない。それどころか行き過ぎた分業は部分最適化を加速し、顧客満足や品質向上といった全体最適の取り組みを阻害する。営業方針ははたして営業部門だけの問題だろうか。品質保証に営業担当者は無関係だろうか。組織は分かれていても業務はつながっている。現場をみれば当たり前のことでも、教科書からは見えてこない。ISO9000 や 14000 の取り組みにおいても品質目標や環境目標を部署ごとに立てろとは一言も書いていないにもかかわらず、判を押したようにどこの会社でも部署ごとの目標がきれいに並んでいる。業務関連性が高い部署同志が連携しなければ実現できない品質目標、環境目標があるはずである。業務改善に向けて現状の組織割りが障害

になることだってあるだろう。ISO9000や14000などマネジメントシステム規格はみな全体最適を志向している。縦割りに戦略展開できることの方がむしろ難しいはずなのである。

●マネジメントできない戦略に意味はない

戦略や計画だけ策定して満足するのは、社訓、家訓を壁に貼って満足するのと同じである。それが何を意味するのかを伝え、具体的な実現イメージが浮かぶまで落とし込み、実現イメージを実業務レベルまで展開するのは容易な仕事ではない。さらには、その結果をタイムリーに集めて正しく測定評価し、戦略や計画を修正し続けていかなければならない。

戦略自体の中身をマネジメントすることはできない。経験や直感を駆使して賢いストーリーを考え出すしかない。しかし、その戦略をどうやって組織に展開し、実行指揮して、測定評価、修正していくかという課題は、まさにマネジメントによって解決すべきものである。戦略を空想するだけならばマネジメントは要らないのかもしれない。組織に求められるのは理屈ではなく結果であり、そのための戦略マネジメントが必要なのである。

2　戦略マネジメントを知らず夢だけ発信してもしかたがない

●一人組織の延長としての戦略マネジメント

戦略はマネジメントされなければ意味がない。戦略を策定しても伝えなければ何も変わらない。伝えても意味が理解されなければ何も変わらない。意味が理解されても実行されなければ何も変わらない。実行されてもやり方が間違っていては何も変わらない。そして実行されていても測定、評価されなければ次に何をすべきかがわからない。にもかかわらず戦略を策定しただけで満足してしまう組織がなくならないのはなぜだろうか。説明を求められても困るからなのか、現場の具体的な仕事内容がわからないからなのか、それとも結果責任を負いたくないからなのだろうか。いずれ

第2章　マネジメントとは言い難いトップマネジメント

にしても戦略策定はトップマネジメントの仕事であり、それを実行するのは現場の仕事であるという勝手な思い込みにすぎない前提条件がそこにあるような気がしてならない。もしも組織が一人だとすれば戦略策定も実行も評価も自分でやらなければならない。むしろ、一人組織であれば戦略策定だの実行、評価だの面倒なことを考えなくてもやれるはずである。組織が複数人からできているからこそ、さまざまな部署や職種があるからこそ、全体を束ねて動かしていくために戦略マネジメントが要るのである。立派な経営方針や中長期計画、全社予算などを策定している大企業こそ、戦略マネジメントが必要なのである。大企業の真似をして戦略策定フェーズだけを強化している中小企業は今すぐ間違いに気がつかなければならない。戦略マネジメントは本来、一人組織にこそ原点がある。複数人で構成される組織を、いかに一人組織のように回せるかを考えるのが戦略マネジメントなのである。

一人組織の戦略マネジメントでは
PDCAサイクルが連続している

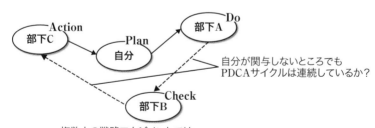

複数人の戦略マネジメントでは
PDCAサイクルが連続しているとは限らない

図表2-2　一人組織の延長としての戦略マネジメント

●戦略を理解できない中間管理職がトップを孤立させる

　戦略マネジメントの原点が一人組織にあるとすれば、頂点にあるトップの思いを組織全体に伝達するために通さなければいけない中間管理職—ミドルマネジメントの存在がきわめて重要な鍵を握ることは明らかである。トップがパートやアルバイト、派遣社員を含む社員全員一人一人に対して自分の思いを語ることは現実的に無理である。トップの思いは中間管理職を通じて間接的に全社員に伝えられるのである。その結果、トップの思いを理解できない中間管理職は自分の部下への伝達を放棄するか、間違った解釈という変換を経て伝達されることとなる。どれほど熱い理念をトップが発信しようとも、中間管理職次第で冷めた思い、どうでもよい忠告へと形を変える。戦略を理解できない中間管理職がトップを孤立させるのである。

●トップ戦略とのつながりを意識できない現場目標

　戦略を理解できない中間管理職によって分離されたトップ戦略は、トップ戦略とのつながりを意識できない現場目標として形を表す。戦略マネジメントがある程度機能していれば、この時点でおかしいなと気づくことができるのだがそうでなければ、おかしな部門目標、個人目標がそのまま生き残ることとなる。言い換えれば、ある企業において戦略マネジメントが機能しているかどうかを見極めるには、経営戦略と現場目標とを突き合わせてみることである。中には経営戦略どころか経営理念、創業精神からすら乖離した目標が堂々と掲げられていることすら少なくない。トップ戦略とのつながりを意識できない現場目標が掲げられている組織ではトップが現場にまったく関与していないことが明らかである。経営企画室のスタッフや中間管理職、コンサルタント達を信頼することは決して間違ったことではない。しかし、その仕事の内容まで無条件信頼するのは組織リーダーとしての責任放棄である。役員室や重役会議、取締役会で議論すべきことは戦略、計画だけでは決してない。その実施状況、結果評価まで踏み込まなければトップマネジメントとはいえないのは当然のことである。

第2章 マネジメントとは言い難いトップマネジメント

●戦略を現場まで理解浸透できてこそ実行できる

　結局、戦略マネジメントが一人組織の延長だとすれば、トップの思いを現場の社員一人一人まで浸透されることができるかどうかがすべてだということになる。トップと社員が以心伝心のような関係であればトップの戦略は成功するか否かは別としても、思いの通りに実行されるはずである。現場がトップの思いのとおりに動くかどうかは、トップが策定した戦略や計画から現場が具体的な実現イメージを浮かべることができるか否かにかかっている。具体的な実現イメージを浮かべることができない中間管理職が間に入って伝達したのでは聞かされる側はたまったものではない。成功するイメージがあるから何をやるべきかがわかり、失敗するイメージがあるから何をやるべきではないかがわかる。極論すれば、どれほど多くの中間管理職がいようとも実現イメージを持てる者がいないのであればトップ自らが現場をまわった方が成果を期待できるはずである。言い換えれば、トップが自分の分身ともいうべきミドルマネジャーを育てなければ戦略マネジメントは機能しない。トップが現場行脚する一人組織に逆戻りするしか手がないのである。

●戦略マネジメントに結びつかない経理情報

　マネジメントは Plan に始まり Do を経て See で終わる。PDCA サイクルであっても、Do の後に Check、Action が続く。戦略マネジメントにおいて、See や Check にあたるのが経理情報のはずなのだが、残念ながらそのような役割を果たしていないのが実情である。粗利益（売上総利益）や営業利益といった財務報告上の利益概念は結果としては正しいかもしれないが、どうしてそうなったのかについては何も語ってくれない。好ましい結果であればいいが、好ましくない結果が出たときには時すでに遅しということにも成りかねない。Action を打つには遅すぎる報告なのである。経理情報が戦略マネジメントに結びつかない理由は三つある。一つはタイミングの遅さ、二つ目は途中工程の無視、三つ目は不正確な資産評価である。一つのタイミングの遅さについては説明不要だろう。月次の業績

が翌月遅く、ひどい場合には翌々月にわかるというスピード感はお話しにならない。出資、配当、融資、課税といった目的のために正確な計算書を必要とする投資家や債権者、税務署など社外のステークホルダーとは違って、経営者や現場マネジャーなどの社内リーダーが必要とするのは、絶対正確な結果情報ではなくアバウトな速報値である。月次はもちろんこと、週次、日次での速報が求められる。場合によっては午前中の速報を受けて午後に軌道修正したいと思うかもしれない。二つ目は途中工程の無視とは、今まさにどうなっているのかを示す指標が提供されないということである。言い換えれば進捗情報であり、その進捗が好ましいか好ましくないかを示してくれるのがKPI（Key Performance Indicator、重要業績評価指標）である。KPIは自動車のスピードメーターのようなものであり、経理情報は結果としての走行距離のようなものだといえる。三つ目の不正確な資産評価は最もやっかいである。最も簡単な例は商品在庫であり、つくればつくるほど原価が下がる。社員はコストとして人件費計上されるが、実際には企業にとって最重要な資産である。役に立たないライセンスが無形資産に計上される一方で、将来撤去が必要な古い本社ビルは負債計上さ

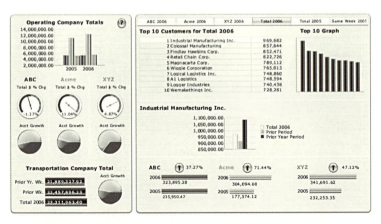

図表2-3　戦略マネジメントのための管理会計ダッシュボード
（SAP社 Business Objects 画面例　Dashboard Zone サイトより引用）
http://www.dashboardzone.com/

れていない。そしてなんといっても、売上を生み出してくれる顧客や顧客信用は数値化すらされない。優秀な社員の資産価値である組織に対する忠誠心や能力も何ら数値化されていない。戦略マネジメントの実装のためには、納税や会計監査のための財務会計ではなく、社内リーダーにとってのダッシュボードとなるべき管理会計が不可欠なのである。

3　戦略展開とかい離する縦割り組織と目標管理

●戦略を無力化しかねない目標管理による部分最適

　せっかくトップマネジメントが革新的な全体最適な経営戦略を立案しても、計画や予算に戦略展開する中で、部門の事情や思惑が入り込んでしまい、結局、保守的な部分最適なものに落ち着いてしまうということがよく起きる。特に目標管理制度を導入している企業ではミドルマネジメントが部分最適に陥りがちである。積極的な取り組みを期待して導入された目標管理がかえってあだとなることが少なくない。経営戦略が営業力の強化をめざすものであれば、営業部門へのリソース配分を増やそうとするのは当然のことである。商品力の強化をめざすものであれば、企画開発や品質改善に対するリソース配分を増やそうとするのは当然のことである。不況期においてはじっと我慢するという経営戦略があってもおかしくない。無駄なコストを切り詰めて、好景気転換にそなえた業務整理や人材育成を図るのもいいだろう。攻めるべきときは攻め、守るべきときは守るのは野球もサッカーも、そしてビジネスでも同じはずである、にもかかわらず出てくる部門目標が攻めと守りが自分勝手に並ぶのである。営業部門は営業強化を、企画開発部門は商品開発のスピードアップを、製造部門は原価低減を、品質管理部門は不良率の低減をといった具合に、部門目標が拡散していることはないだろうか。

●全社戦略と部門目標が乖離してしまう理由

　全社戦略≠Σ（部門目標）であることは経営者ならば当然知っているはずである。にもかかわらず全社戦略が部門目標にすり替わってしまうのは、トップと現場の間の行き過ぎた分業にある。本来、戦略立案の場に現場リーダーである部門マネジャーも参画すべきであり、部門目標の策定においてはトップも参画すべきなのである。前工程から後工程への円滑なバトンタッチは明確で漏れのないアウトプットとインプットによって実現できるはずである。しかし、経営戦略というアウトプットはどれだけ言葉を並べたところでその意図を文章だけで読み取ることは難しいし、ビジュアルな戦略ストーリーを書いたところで知識、経験の少ない者にとっては難解な戦略文書であることに変わりはない。だとすれば戦略立案者自らが後工程となる計画や予算プロセス、部門目標プロセスに出向いて、誤解のないように説明することが必要となるのは当然のことである。逆も真なりで、現場の事情を紙のレポートだけでトップマネジメントが理解できるはずがない。ミドルマネジメントが戦略立案プロセスに直接参画することによって、現場の実情をトップマネジメントに訴える必要があるのである。

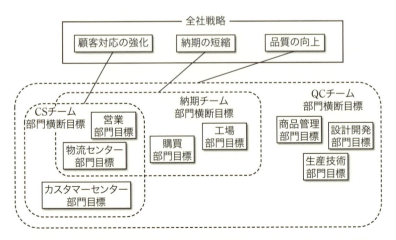

図表 2-4　全社戦略と部門目標の乖離を生まないためのプロセス横断

第2章　マネジメントとは言い難いトップマネジメント

●自部署を守ることしか頭にないミドルマネジメントが経営改革を阻害する

　しょせん人は未知な世界へと足を踏み入れることを好まない。変化のない今のポジションにとどまって安心安全に過ごしたいと思うのが常である。毎年トップマネジメントや経営企画室から降ってくるお題におびえ、できる限り無難にすごすための対応を思案するのである。未経験のことをやらされて部下が失敗してしまうようなことがあれば、ミドルマネジメントとしての自分の評価にも影響し、出世にひびくと考えるかもしれない。経営革新ができずに会社の業績が悪化するのは困るけれども、だからといって自分の部署に面倒なことを持ち込まれるのも困る。まさに総論賛成、各論反対の状況が上下間、部署間のあちこちで起きるのである。戦略を立案したトップ自らが部門目標の策定やその実施活動にまで顔を出していればこうしたことは防ぐことができる。がんばっている部門や社員をトップが見てくれているからである。余計な仕事を押しつけられるという貧乏くじを引かされたうえに、うまくいかない責任をとらされるというのでは士気があがるわけがない。自部署を守ることしか頭にないミドルマネジメントを生み出しているのはトップ自身ではないだろうか。

●経営戦略を理解しない士業、コンサルタントが戦略を骨抜きにする

　CI（Corporate Identity、コーポレート・アイデンティティ）や社内規程、就業規則、目標管理制度、品質方針、環境方針、会計ルールなど企業経営の根幹となるしくみの整備を社外の士業やコンサルタントや非常勤の顧問といった人達に丸投げしているところが少なくない。中には経営戦略や中長期計画の立案すらシンクタンクに依存している企業すらある。彼らが提示する素材や企画案が悪いわけではない。しかし、問題はそれがその企業の特性や現状に合っているかである。大企業でうまくいったからといって中小企業でもうまくいくとは限らない。同じ製造業であっても量産品を計画生産する企業と、顧客オーダーに対して個別受注生産するところでは戦略の勘所が違うはずである。卸小売業にしてもファブレスメーカーであるところもあれば、商社的にさまざまな商品やサービスを取り扱っていると

ころもあるだろう。ホテル業でも無人の自動販売機的なビジネスモデルと、おもてなし重視のビジネスモデルではまったく事業内容が異なるはずである。企業を取り巻く経営環境は千差万別であるにもかかわらず、どこの企業に対しても似たような戦略やポリシー、ルールを当てはめようとすることにそもそも無理がある。社外の士業やコンサルタントがトップの意向に沿っただけの戦略や計画、しくみを乱発していく中で、トップと現場の距離が離れてしまい、ますます戦略の有効性が薄れていくのはなんとも皮肉なことである。

4　あまりに貧弱なトップへの戦略フィードバック

●因果関係を無視したバリデーション不在の戦略展開

　経営理念も立派、経営戦略も見事、中長期計画も申し分なし、にもかかわらず、年度予算、部門目標、社員目標とは結びつかないといった経験はないだろうか。現場チームにおいてもチーム目標は適切なのに、メンバー行動はバラバラという状況も見かける。こうした状況が起きるのは因果関係が分断されていることに原因がある。たとえば、せっかく経営理念に組織の存在意義や行動規範といった戦略基礎となる価値観が定義されているにもかかわらず、経営戦略には経営理念との関連性が意識されていなかったり、中長期計画にある事業プランは経営戦略のどれにあたるのかはっきりしないなど、因果関係の分断はいたるところで起きている。その結果、年度予算や部門目標、社員目標においては、直接の上位概念とのつながりは確保されていても、大本の経営理念や経営戦略とのつながりがあいまいになっていく。因果関係の分断は戦略展開だけでなく、フィードバック（状況報告）においても起きている。まさに伝言ゲームであり、一つ前の上司に対しては因果関係があるのだが、少しずつその乖離が大きくなり、トップに届いたときには経営理念や経営戦略がめざすべきものとは大きくかけ離れた報告があがってくるという不思議なことが起きてしまうのであ

る。こうしたことが起きるのは、戦略展開と状況報告においては常に因果関係の確保を意識しなければならないということに対する認識不足にある。そして、まさに戦略立案プロセスがマネジメントとして実装されていないことにある。因果関係を確保するうえで、「検証」と「バリデーション」（妥当性検証）の違いを理解することが必要である。一つ上位の概念に対して適切な内容だということが上司によって審査されたとしても、それだけでは不十分である。最上位の概念に対しても妥当であるかを審査しなければならない。直属の上司による審査は要求どおり実装されたかをチェックするのが「検証」であり、経営理念や経営戦略に対して妥当であるかをチェックするのが「バリデーション」である。バリデーションは通常、トップや経営企画室が実施することが多い。

図表2-5　バランススコアカードによる戦略展開の例

部門	全社
ビジョン	高品質・高生産性で顧客の信頼を勝ち取る
経営方針	営業力と技術力の向上による顧客関係強化を図る
区分	経営シナリオ

区分	経営シナリオ
顧客の視点	顧客とのパートナーシップ強化　　顧客満足の向上
財務の視点	安定した収益基盤の確立　　安全性の高い財務構成の確立
プロセスの視点	品質管理・保証の強化　　営業活動の生産性向上　　調達・生産活動の納期短縮
学習と成長の視点	モラル・モチベーションの高い職場づくり　　教育訓練による技術力の向上

バランススコアカードは経営戦略の成功に向けて認識すべき因果関係を戦略マップによって、財務の視点、顧客の視点、プロセスの視点、学習成長の視点の四つの視点から明らかにするものである。戦略マップを元にCSF（Critical Success Factor、主要成功要因）を設定し、CSFを実現するためのアクションプランの策定や、その結果を監視するためのKPIの設計といったように、因果関係を分断させることなく戦略展開を図ることができる優れたツールである。

●戦略成果を反映しない名ばかりKPIがトップを目くらます

KPIは、戦略目標に対して、その成功に向けて良好な経過にあることを測定するためのものである。KPIを設定するためには、戦略目標に向けて何がその成功の決め手となるのかを示すCSFが見極められていることが前提となる。KPIに似た概念にKGI（Key Goal Indicator、重要目標達成指標）がある。KGIは、戦略目標に対する達成度合いを定量的に表すものであり、営業戦略であれば単に「売上高」や「利益額」「顧客数」「受注件数」といったものになる。KGIが「売上高」しかないという企業も確かに問題だが、KPIを取り巻くより多い問題は、KPIとKGIとを混同していることである。KGIは教科書どおりの経営分析指標を持ってきても問題にはならない。管理会計を知らなくても経営者やベテラン社員ならば経験的にでもわかるものである。しかし、KPIはそうはいかない。「売上高」を高めるには新規営業が問題になるかもしれないし、既存客に対する客単価アップが課題になるのかもしれない。新規営業が問題ならば、宣伝広告やセミナー開催など認知活動を強化しなければその後の提案、受注につながらないのは当然である。だとすればこの企業が推進すべきCSFは認知活動の強化であり、測定すべきKPIは宣伝広告数やセミナー開催数ということになるかもしれない。しかし、宣伝広告やセミナー開催しても効果がなければ意味がない。結局、最終的なCSFは「ターゲット顧客に有効に届く認知活動の展開」となり、KPIは「宣伝広告に対するブランド再生（純粋想起）率」や「宣伝広告に対するブランド再認（助成想起）率」

第2章 マネジメントとは言い難いトップマネジメント

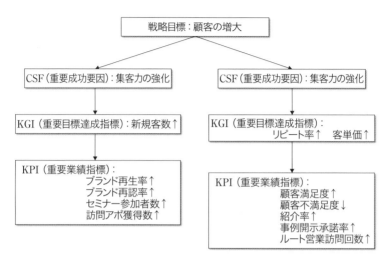

図表2-6 戦略目標とCSF、KGI、KPIの関係

「詳細資料・無料サンプル希望者数」や「セミナー受講者個別説明希望率」といったものに落ち着くはずである。

●戦略マネジメントにおける管理会計の不可欠性

　管理会計の重要性が叫ばれて久しい。しかし、その実態は決して明るいものではない。あいかわらず財務諸表ベースでのセグメント売上分析やコスト分析、原価計算にもとづく利益分析があちこちで行われている。そもそも、会計監査や税務のために作成される財務諸表は社内向けの仕様ではない。投資家や金融機関、国税専門官など社外の利害関係者にとっては、財務諸表は継続的で他社比較がしやすいという点において優れた仕様となっている。しかし、経営者などトップマネジメントはそうではない。期間中の活動結果を集計したにすぎない財務諸表を見ていたのでは遅すぎる。今まさにどうなっているのか、今のままではどうなるのかがわかるKPIのようなデータでなければ意味がないのである。会計上では売上は原価となる商品や製品によってもたらせるものかもしれないが、現場の常

35

識では売上を生み出すのは顧客である。個々の顧客が自社の商品や製品のどんなところに価値を見いだしてくれたかがわからなければ、次期の売上も未知である。どんな顧客がどんな価値を見いだして買ってくれたのかがわかれば、売上予測によって次期の予算編成も可能となる。そして、その顧客に対してかかるコストを営業費や管理費として売上原価とは別扱いするのもナンセンスである。一人の営業担当者がお得意先との面談待ちのために喫茶店に入ったとしても、それは売上を生むための不可欠な活動である。努力の積み重ねでコスト削減の余地がほとんど残っていない工場に対して原価を下げろと無理を言うよりも、外周りの営業活動こそ売上、利益を生み出すサービス原価としてコスト管理すべきではなかろうか。どれほど精緻な原価計算、高度な管理理論を使っていようとも、こうした当たり前のことができていない管理会計などナンセンスなものはない。本来、管理会計とは誰にとっても単純明快なもののはずなのである。

●マネジメントされた戦略経営はデータ経営でもある

　管理会計の現状に課題があるとすれば、その利用を必要とする戦略立案、トップマネジメントとのつながりが元々弱いことにある。社外向けに作成された報告会計（会計監査や税務のための会計）をベースとして社内向けに数値加工することをめざす限り、管理会計が戦略立案、トップマネジメントにこれ以上近づくことはできない。PlanDoSee マネジメントとしての戦略マネジメントの一要素としての管理会計のあり方を考えて行かない限り、トップが求めるフィードバックを提供することは無理があるのである。あるべき姿から考える管理会計は、損益計算書や貸借対照表上の情報に縛られることなく、バランススコアカードに登場する社内活動やリソースすべてについての情報を扱えるものでければならない。さらには内部環境だけでなく外部環境についても見える化する必要がある。特に環境や人権などCSR企業の社会的責任活動のように、社外との関係の善し悪しが経営パフォーマンスに間接的に影響するものもある。売上高というKGIの一つとしてマーケットシェアも考えるべきだろう。マーケットシェ

アの拡大または低下はコストリーダシップ戦略によって、量産による原価低減を図れるかどうかの鍵となるからである。社内外の活動およびリソースに関する情報を収集する管理会計は、結局、データ経営という言葉に置き換えることもできるだろう。データにもとづき戦略立案し、戦略の実行状況は社内外のKPIとしてトップにフィードバックされる姿こそ、経営者が求める管理会計の姿ではないだろうか。

5 マネジメント屋がつくる虚像の戦略マネジメント

●弱みばかりで自信をなくさせるSWOT分析

経営戦略といえば、まずはSWOT分析をやろうということになる。SWOT分析が悪いわけではない。問題はその目的にある。営業戦略を考えるうえでまず必要となるのは活用すべき強みと機会を知ることである。そのうえで強みを機会に活かすうえで課題となる弱み強化や脅威対策をCSFとしてひねり出し、因果関係を組み立てることによって戦略ストーリーができあがる。強みを機会に活かすうえでの課題とならない弱みや脅威は戦略ストーリーを考えるうえでは関係がない。反対に、事業継続やリスクマネジメントを目的とする戦略ストーリーを考える場合は、脅威に結びつく弱みを知ることがSWOT分析の目的となる。

その場合の強みや機会は、弱みや脅威を打ち消してくれるものや対抗できるものが対象となる。ただ、なんの目的もなくSWOT分析によって強み弱み、機会脅威を洗い出したところで何の意味もない。むしろ、これでもかというくらいに書き出された弱みや脅威を前にして自信をなくしてしまうというナンセンスなことすら起きてしまう。特に、コンサルタントの中には本来の意義を知らないにもかかわらずSWOT分析を好む人達がいる。しょせん意味のない作業を押しつけるのであれば、自信を持てるように強みと機会ばかり出してくれた方がよいと思うのだが、それでは仕事にならないのだろう。

●本質を理解せずに挫折するバランススコアカード経営

　SWOT分析と同じくコンサルタントが好きなツールにバランススコアカードがある。財務の視点、顧客の視点、プロセスの視点、学習と成長の視点という四つの視点から戦略目標達成のための因果関係（戦略マップと呼ばれる）を明らかにしようというのがバランススコアカードの目的である。当然のことだが、財務の視点においては管理会計の知識が、顧客の視点においてはマーケティングの知識が、プロセスの視点においては販売や生産、調達といった業務の知識が、学習と成長の視点においては人材育成や組織開発などの知識が必要となる。そして何よりも大切なことは、四つの視点上に置かれた戦略項目がいかに因果関係を持って結びついているかである。バランススコアカードは四つの視点からみるという点において、CSFの発見や見落とし防止に役立つものである。決して見栄えのよい戦略資料をつくることが目的ではない。各部門が目標設定するためにいきなり使用するものでもない。全社的な戦略マップを先につくり、その上の因果関係を丁寧に部門レベルにブレイクダウンしていかなければならない。当然のことだが、ブレイクダウンされた戦略マップは部門をまたがることもある。きれいに部門目標や担当者目標に展開できるはずがないのである。にもかかわらず、きれいにピラミッド展開された戦略目標をみて喜ぶ経営者は愚かである。苦心して作成された戦略マップはきれいなものになるとは限らない。トップと現場がいっしょになって作り上げた戦略マップはいびつであろうが洗練されていなかろうが、本音で描かれている。少なくともマネジメント屋がつくる虚像の戦略マップよりもかるかに価値があるはずである。

●頭でっかちの戦略よりも小さくまわす戦略

　戦略の価値は戦略そのものにあるわけでない。それが実行された後の成果にこそある。
　どれだけエレガントに描かれた戦略ストーリーも実践されない限り、しょせん絵に描いた餅である。戦略屋の栄光は現場を巻き込んではじめて

第2章　マネジメントとは言い難いトップマネジメント

勝ち取ることができる。にもかかわらず、戦略屋が描く戦略は現場にとっては現実離れした絵空事であることが少なくない。

　夢のない垢まみれの計画しか書かない現場屋も問題だが、実行すらされないという点において戦略屋の絵空事の方がよりたちが悪い。地道な努力でも一歩ずつ確実に前に進んでいける小さな戦略の方が優れている。問題はその一歩が前向きかどうかにかかっている。

　はるか向こうの山頂をめざした未知の一歩ならば価値があるが、勝手よく知る無難な一歩に何ら価値はない。勇気ある一歩によって先に進んでいけることがわかれば後は走ることもできるかもしれない。大きなゴールに向かって少しずつスピードを上げながら進んでいくことこそ戦略マネジメントのめざす姿なのである。

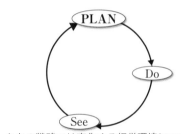
頭でっかちの戦略では変化する経営環境についていけない。

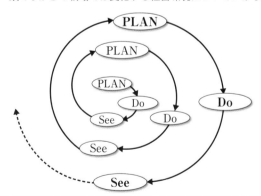
小さくまわす戦略では計画は仮説にすぎない。仮説検証の繰り返しで環境適用にする。

図表 2-7　頭でっかちの戦略と小さくまわす戦略

第3章

シングル・ループがもたらす
事件事故

1 崖に向かって行進するデス・マーチはなぜ起こるのか

●失敗することがわかっているのに止まれない

　死の行進を意味するデス・マーチはどうして起きるのだろうか。いつ終わるかわからない、あるいはすでに失敗することがわかっているにもかかわらず、目標に向かって長時間の残業や徹夜業務、休日出勤を連日強いられてしまう。どうしてこういうことが起きるかというと、現場のリーダーが上司にうまくいっていないことを言うのをためらっているうちに事態がさらに悪化してしまうからである。「問題ありません」「うまくいっています」と都合のよい報告ばかりしているうちに、本当に上司の助けが必要になった時には、上司ですら手に負えない状況になっているのである。仕事の遅れを残業や徹夜業務、休日出勤などでカバーするのが悪いわけではない。しかし、なぜ仕事の遅れが起きたのかという問題原因を分析し、根本解決を図るというPlanDoSeeマネジメントがそこに機能しない限り、仕事の遅れという問題はおそらく再発するだろう。それどころか、問題原因を同じくする別の問題も次々に起きるだろう。仕事の遅れの理由が前工程作業の品質不良や、特定社員への仕事の集中といった根本原因に起因しているとすれば、社員の不平不満や対立、長期離脱、不良多発といった別のトラブルが起きるのも時間の問題である。

第Ⅰ部　マネジメントから取り残された戦略の領域

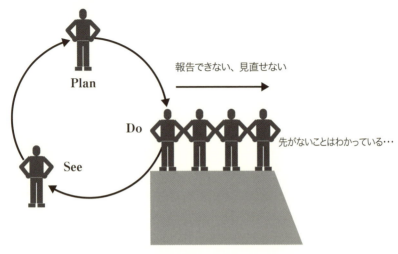

図表3-1　マネジメントの失敗が引き起こすデス・マーチの惨状

●だめなことが自明でもやめられない大人の事情

　まだそこまで事態が悪化していないうちに上司に相談を仰げばよいものをどうして躊躇してしまうのだろうか。報連相などタイムリーな報告を経営方針とする企業は少なくない。

　営業日報、業務日報という制度があるにもかかわらず、報告して欲しいことはなかなか上がってこない。ここにこそマネジメントが機能するための本質的課題が見え隠れしている。表面的にはどんな組織でもPlanDoSeeマネジメントはまわっているはずであり、現場を監督するためのしくみが構築されている。にもかかわらず、現実はうまく機能しているとは到底思えない。報告する立場の者が報告したいと思えないしくみである限り、それは機能しない。失敗報告すれば叱られる、人事考課で低い評価を受ける、こうしたネガティブな思いが払しょくされない限り、報告はいいことしかあがってこない。誰が好き好んで給料を下げられたいと思うだろうか。失敗を報告すれば喜ばれる、人事考課で高い評価を受けるというしくみを構築している企業があるとすれば、PlanDoSeeマネジメントはきっと

うまくまわっている。マネジメントの失敗は意外とこうした馬鹿げた理由によることが少なくないのである。

● Plan と See から遊離して暴走する Do ループ

デス・マーチが起きる状況をマネジメントの視点からみてみると、Plan と See から遊離して Do だけが暴走していることが見えてくる。Do の後、本来ならば See か Check、Action と続くはずなのだが、そのまま Do に戻り Do をひたすら繰り返す Do ループが起きていることがわかる。マネジメントサイクルが正常に機能するためには、Do から See または Check、Action へのリンクが鍵を握っているのである。どうして Plan と See から遊離して Do だけがループし出すのか。上に対してはネガティブな人事考課を受けたくないし、部下に対しては仕事ができない奴と思われたくない人物、現場とトップのつなぎ役を担うミドルマネジメントが鍵を握っているのである。

● 現場とトップのつなぎ役を担うミドルマネジメントが鍵を握る

日本企業には中間管理職と呼ばれるミドルマネジメントが非常に多い。ここではミドルマネジメントの本質を考えるために、上位が経営者、下位が現場スタッフという単純化したモデルを考えてみる。単純化されたミドルマネジメントには二つの能力が要求される。一つは経営者が示す Plan の内容を理解することであり、もう一つは現場スタッフによる Do の内容を理解することである。前者の能力を言い換えれば経営者の代弁ができること、後者の能力を言い換えれば現場スタッフの代弁ができることである。ミドルマネジメントは経営者の代弁者であり、かつ現場スタッフの代弁者でもある。その能力は並大抵の努力では身に着けることができない。経営者とは日頃から話を聞いてその理念を理解し、現場スタッフとは自らも作業に携わることによって、その大変さを経験するといった努力も必要となるだろう。そうした努力によって勝ち取った信頼をバックボーンとして、現場スタッフに対しては経営者の考えを伝え、経営者には現場スタッ

フの気持ちを伝えなければならない。能力だけあってもミドルマネジメントはつとまらず、この人が言うならばしかたがないと思われるような努力や誠実性を持つ人格者でなければならないのである。こうした人材を育成すること自体が経営戦略であり、それに成功している組織ではマネジメントが機能し、失敗している組織ではマネジメントが機能しないのは何とも皮肉なことである。

●スパイラルであることを放棄したシングル・ループのマネジメント

何らかの問題が起きたときに現場のDoレベルだけでなんとかしようと考えることをシングル・ループといい、その問題の原因がそもそものPlanにあることを見つけてフィードバックすることをダブル・ループという。シングル・ループから抜け出せない理由は、上司やトップのPlanに間違いがあると思わないこと、あるいは思ってはいけないことにある。

シングル・ループの思考にとどまっている限り、その組織にイノベーションは起きない。

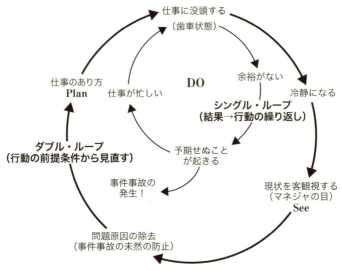

図表3-2　シングル・ループとダブル・ループの違い

ダブル・ループの思考では、Planは仮説にすぎないと考え、経験と学習によってスパイラル的に改良していくべきものと考える。自らが考え出した経営戦略に対してダメ出しされることを嫌うトップにマネジメントを語る資格はない。経営戦略の初版はたたき台にすぎず、PlanDoSeeマネジメントを何度もまわすことによって、全社員一丸となって作りあげるものだと考えている経営者はどれだけいるのだろうか。

2　根本解決に目を向けないマネジメント不在の現場リーダー

●マネジメント意識不在の名ばかり中間管理職

戦略マネジメントにおいてきわめて重要な役割を果たすべきミドルマネジメントだが、実際には中間管理職にそのような意識がないのが実情ではないだろうか。一般的によくあるヒエラルキー型組織（またはピラミッド型組織、階層型組織）では指示が上から下へと降りていく。ヒエラルキー型組織自体が必ずしも悪いわけではないが、トップと現場との間にいくつもの階層が増えていくため、トップの指示の意図が何人もの中間管理職を経ていくうちにずれてしまい、組織の末端である現場まで正しくかつタイムリーに伝わらないことが多々起きる。中間管理職といえども結局は自分の受け持ち範囲だけしか役割意識を持たないスタッフ社員であり、トップの代弁者とはほど遠い存在にすぎない。自分の受け持ち範囲で起きた諸問題にしても、上位者の計画や指示、さらにはトップ戦略にまでさかのぼって見下ろしてみなければその根本原因を知ることはできない。自分は上から言われただけだからという言い逃ればかり考えている中間管理職に問題解決能力を期待することは無理なのである。

●現状維持にとどまるシングル・ループ型のマネジメント

自分の受け持ち範囲しか責任を取ろうとしない中間管理職は典型的なシングル・ループ型のマネジメント思考者である。上からの計画、指示は絶対的

であり、改善ありきの仮説とは考えていない。PlanDoSee マネジメントが大切と言われても See の戻り先は自分の受け持ち範囲のスタート地点であり、上位者にフィードバックしようとはしない。彼らの期待は現状維持であり、上位者にフィードバックすることによって、Plan の内容が大きく変わることをよしとしないのである。自分の受け持ち範囲に問題があるとしても上位者にフィードバックしようとは決して考えない。なんとかして現状を維持しようと部下を鼓舞して穏便に解決しようとする。デス・マーチはいつでもどこでも起きる。起きては終わり、また起きるを繰り返しているのである。

● 現場問題を現場で解決できるとは限らない

　量産とカスタマイズ対応、在庫削減と欠品防止、新規集客と既存客重視など、経営戦略の中には相反する関係にあるものも少なくない。工場や物流センターにおいて量産とカスタマイズ対応がぶつかると、予想できないカスタマイズ対応が入ることによって、円滑に流れていた作業が止まってしまい、段取りミスや作業漏れも起こしかねない。物流センターによる在庫削減と営業部門による欠品防止がぶつかると、欠品を恐れた営業担当者が営業所に在庫をキープし出す。新規集客と既存客重視という営業戦略を持たされた営業担当者は、どちらに対しても中途半端な対応になってしまうリスクをかぶることとなる。そもそもコンフリクトする関係にある戦略テーマは最初から認識して優先度を付けておく必要がある。コンフリクトを見落としたトップに対してそれを見つけた現場の声がフィードバックされるべきにもかかわらず、シングル・ループ型のミドルマネジメントがそれを阻害しているのである。

● See で原因究明、Plan で企画提案するイノベーションリーダーへ

　ミドルマネジメントである中間管理職が本来果たすべき役割は、自分の受け持ち範囲におけるシングル・ループのマネジメントにあるのではない。上位のマネジメントからのインプットにもとづく Plan に対する Do の状況を監視し、認識した問題の原因が元々の Plan にあるとすれば、そ

の解決策となる Plan の改良版を上位のマネジメントに企画提案することにこそ、ミドルマネジメントの意義がある。Plan の改良版によって、現場担当者は欠陥のある指示に従う必要がなくなり、トップマネジメントは効率よく軌道修正できる。裏返せば Plan の改良版を出せないミドルマネジメントは現場担当者に対しては無理難題を押しつけ、トップマネジメントに対しては認識すべき危機的状況を見過ごさせてしまうのである。Plan は従うものではなく改良していくものであるという認識がミドルマネジメントには不可欠なのである。

●本来のマネジメントは上から下に、下から上に改革をつきつけるもの

　マネジメントは組織に改革をもたらすものである。しかし、現実はそうではない。お上の命令は絶対であり逆らうことなどあり得ないというおかしなことがまかり通っているのである。Plan どおりにうまく Do がまわらないのは、現場が Plan に対する必要な準備が十分にできない場合と、Plan 自体に欠陥があってそのままではうまく運用できない場合の二つの原因が考えられる。前者は現場をまかされたミドルマネジメントの責任であり、後者は Plan の元をつくったトップにも責任がある。ミドルマネジメントは自らの管理能力不足を人事考課されることを恐れ、トップもまた自らの戦略策定能力不足を追求されることを恐れ、誰が悪いのかはっきりしなくなり事態が悪化するまで口を閉ざしてしまうのである。そもそも Plan は See によるフィードバックによって修正し続けるものであり、See によってフィードバックすべき情報が出てこないなどあり得ないことである。指摘事項が出てこないレビューや、フィードバックが上がってこない Plan は名ばかりだけで元々機能していないマネジメントごっこである可能性が高い。本来のマネジメントは上から下に、下から上に改革をつきつけるものである。仕事をしている振りをするだけのマネジメントごっこを続けていては、いずれ組織は立ちゆかなくなる。組織を立ち直らせるのは上からでも下からでもかまわない。正論が通らなければマネジメントはそもそも成り立たないのである。

3　知っているくせに見て見ぬふりする無責任体質

●言ったら自分がやらされるから何も言わない無責任

　組織において正論が通らなくなってしまうのはなぜだろうか。一人組織であれば自分が自分に対して嘘をついたりごまかしたりする必要はない。そんなことをして困るのは自分自身である。ところが複数の社員がいる組織、特に大会社では事情が変わってくる。お上からの指示、命令にいつも納得できるわけでもなく、渋々やっている業務では本来の目的や意義を理解しているわけでもないため、形だけは整えるという正論が通らない状況がたちまち生まれてくる。これではだめだと正論の声をあげたとしても、Planの全貌を知らずに文句を言う奴と烙印を押されるのが関の山である。あげくの果てには文句を言うならおまえがやってみろと理不尽な命令を押しつけられかねない。こうした状況においては誰もが正論を口に出さなくなってしまう。何か言えば自分がやらされるはめになるから何も言わないという無責任な風潮ができあがるのである。

●誰かがやるだろうと知らぬふりする無責任

　現場担当者にも問題がないわけではない。現場担当者の中にはPlanDoSeeマネジメントサイクル自体を理解していないことすら少なくない。あるいはPlanDoSeeという言葉は知っていても自分の仕事には関係ないと思っていることが多いのではないだろうか。自分の仕事は職務規程に書いてある範囲であり、余計な仕事を押しつけられる義務はないとばかりにマネジメントの仕事は上司がすべきものと思い込んでいることもある。毎朝同じ時間に出勤し、ベルが鳴れば休憩、もう一度鳴れば退社と反射神経ばりに同じ行動を繰り返すことに慣れたルーチンワーカーは重傷である。組織は永久に変わることなく、明日もあさっても来年も再来年も自分の仕事はなくならないと思い込んでいるのである。そしてある日突然に休業、倒産を告げられる。そのようなことにならないようにするために

は、現場担当者もPlanDoSeeマネジメントに積極的に関与しなければならない。誰かがやるだろうと知らぬふりしていては損をするのは自分自身にほかならない。ISOの基本原則に従業員の全員参画というものがある。数多くの企業がISO9000や14000を取得している中で、全員参加のマネジメントを実践できているところはいったいどのくらいあるのだろうか。

●文句を言うだけで自分では何もしない無責任

無責任といえば、文句を言うだけで自分では何もしないというタイプもいる。他人に対しては敏感に批評するくせに、自分では考えることができない。こういう人達はSeeの意味を取り違えているか、やりもしない前からPlanにけちをつけたいかのどちらかである。

はじめて策定されたPlanが完全でないのは当然であり、だからこそ試験的にDoを実施してみて修正点を明らかにしなければならない。Seeにしても Planを改善することが目的ではなく、つぶすことが目的だけで文句を言うのでは対立を生むだけである。PlanDoSeeは本来ぶつ切りのような存在ではなく、ひとまとまりで機能するものである。プラニングを上層部が行い、その実行を現場が行うという階層型組織の場合、そもそもPlanDoSeeには上も下もないという大前提について事前教育しておいた方がよいのではないだろうか。

●現場にいる社員の目や耳が機能しないマネジメントの実態

何も言わない無責任、知らぬふりする無責任、何もしない無責任がはびこる職場では、たとえ立派なPlanを策定しても、DoSee段階で骨抜きにされてしまう。海図をみて航路を決める船長に対して機関士も水夫も他人事のように仕事をしているようなものである。

一人組織でない限り、PlanDoSeeを自分ひとりでやりきることはできない。しかし、本来ひとまとまりのものを分業することには大きなリスクが伴う。自分ひとりであればできるだろうPlanDoSeeの作業イメージを組織全体で共有しなければならないのである。リーダーはPlanだけやって

いればよいというものでは決してない。現場でのDoSeeのやり方を指揮するために、いっしょにワークすることも必要だろう。リーダーシップとは、Planを示すだけでなく、それをどのようにDoすればよいのかを現場とともに考え、Planのどこを変えればよいのかについてともに議論するものでなければならない。Planを示せば現場がきちんと考えてくれるというような状況は、阿吽の呼吸で行動してくれる右腕のような社員ばかりであふれている職場だけに訪れる理想郷である。ありもしない理想郷を夢見て現実を嘆くよりも、現場に足を運んで情熱を語れば人は意外と動いてくれるものである。

● Seeの重要性を理解する、わからせることの大切さ

考えているだけでは前に進めないからまずは行動してみることが必要だということを経験的に知っている人は少なくない。しかし、一度立ち止まって行動したことを振り返ってみることの大切さを知る人はあまりいない。学校では予習はやっておかないと困ることがあっても、復習はやらなくても誰も困らない。企業においてもあまり事情は変わらない。

事業計画や予算を策定するところは多くても、総括や決算をしっかりとやっているところはあまりない。しかし、やったことを振り返る作業の中にこそ、新たな気づきや知識定着のチャンスがある。Doのやりっぱなしではせっかく経験した多くのこともナレッジとして定着しない。Planではまだ見ぬことに対して議論せざるを得ないが、Seeではすでに経験したことに対して議論することができる。経験済みのことに対する意見の不一致はどちらかが誤っているか、新たな成長に向けた気づきのどちらかである。その議論は誰にとっても意義がある。日々の忙しさにかまけて部下との情報交換の時間もとれない管理職は、自らの成長機会をなくしているだけでなく、部下の成長機会も奪ってしまっていることに気づかなければならない。

4 コトが大きくなってから事情を知らされるトップの無念

●第一発見から第一報までに時間がかかるワケ

　新聞を賑わす企業の不祥事や事故に共通するのは公表の遅さである。中には事件事故が起きた後、数週間から数カ月かかるケースもある。そこではいったい何が起きているのだろうか。ある日、一人の社員が顧客からクレームを受けたとしよう。商品の不具合によって顧客が怪我をしたというものである。まず直接の担当者は自分の力でなんとか対処しようとする。しかし、どうにもうまくいかないことがわかると、直属の上司に相談する。その直属の上司は大事にならないように、自分の部署だけでなんとか対処しようとする。しかし、どうにもうまくいかないことがわかると、直属の幹部に相談する。その直属の幹部は大事にならないように、自分の管轄だけでなんとか対処しようとする……。こうした亀のようなのろい報告連鎖がトップに届く頃には、元の顧客の怒りは激しさを増し、同じ被害を受けたほかの顧客からのクレームも拡大し、新聞雑誌を賑わす重大事件となっているのである。

●報告は事後で行うものと誰が決めたのか

　そもそも上司への報告は事後で行うものと誰が決めたのだろうか。事件事故が起きたら、直属の上司はもちろんのこと、幹部や役員、監査役といった社内関係者にすぐに共有すればいいはずである。些細なトラブルまで報告があがるのは面倒だというならば社内基準をつくればいいだけの話である。顧客からのクレームがすべて上がってくるのを嫌がる経営者や監査役は職務放棄に等しい。現場で日々起きることは経営計画や部門目標、行動予定表といった Plan のとおりに起きるわけでもないし、日報や週間ミーティングのスピード感で報告すればよいようなものでもない。誰が対処するかは別として重要な出来事については上から下まで、端から端まで情報共有すべきに決まっている。ましてや電子メールやグループウェアの

利用が当たり前になっている現代では、複数関係者への情報共有などたいした作業でもない。そこにあるのは怒られるのが嫌だ、面倒なことに巻き込まれたくないという事なかれ主義や無責任体質があるだけである。

● 対処は現場で行うものと誰が決めたのか

上司への報告は事後で行うものと同じように、対処は現場で行うものというのもいったい誰が決めたのだろうか。現場で起きる事件事故が常に現場で対応できるとは限らない。幹部や役員、トップ自らが対処すべき事案もビジネスの第一線で起きるのは当然のことである。だからこそ重要な出来事が起きればまずは情報共有しなければならない。トップ自らが対処すべき事案かどうかは最初から決まっているはずである。問題はそれが知らされる頃には事態が悪化していることにある。コトが大きくなってから事情を知らされるトップの無念はいったいどれほどのものだろうか。

● PlanDoSee をシングル・ループで考えてはいけない

事件事故が起きた場合に現場担当者や直属の上司はシングル・ループに陥っている。現場で起きた問題は自分たちで考えて処理しなければならないと思い込んでしまっている。幹部や役員もまたそれを間違っているとは指摘せず、概念的な Plan だけつくって満足している。PlanDoSee は本来、多重構想のような形をとるものであり、第一線で実行される Do はさまざまなレベルの Plan が重なって、そのやるべき内容が決まる。経営理念において掲げられた顧客重視や創意工夫といった行動指針はもちろんのこと、経営戦略において示された重点施策、部門目標で約束されたサービス品質、業務マニュアルに記載されているルールや手順といったさまざまなレベルの Plan が同時にかかわっているのである。一つの Do に対して幾つもの Plan と See が重なり合っているのが PlanDoSee マネジメントの真の姿である。

何か問題が起きれば、その Do に関連するすべての Plan に対する See が機能しなければならない。決して最下位層の See だけが機能すればよい

第3章　シングル・ループがもたらす事件事故

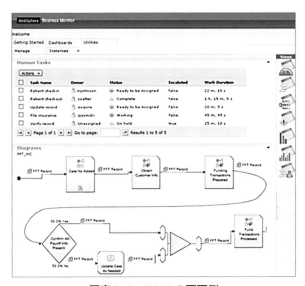

図表 3-3　BAM の画面例
(IBM WebSphere Business Monitor)
http://www.ibm.com/developerworks/jp/websphere/library/bpm/mon61_bam/

のではない。ここにシングル・ループが起きる大きな原因がある。戦略マネジメントを担うトップが行うべき See も、決して年に数回の役員会議や取締役会だけでよいはずがない。現場で何か起きればすぐに戦略マネジメントレベルでの対応ができるようにアラームが飛んでくるようなしくみを構築しておかなくてはならない。そのためのソリューションとして期待されるのが BAM (Business Activity Monitoring、ビジネス・アクティビティ・モニタリング) である。BAM とは、ビジネスプロセスのパフォーマンスをリアルタイム監視するための IT ソリューションであり、パフォーマンスの監視には、前述の KGI (Key Goal Indicator、重要目標達成指標) と KPI (Key Performance Indicator、重要業績評価指標) が使用される。

5 戦略は軌道修正が必要な「一勝九敗」的なもの

●軌道修正を嫌うトップマネジメントの勘違い

　一度つくった経営計画は3年後まで見直さない、Webサイトに掲載されている行動指針は何年も前から変わらないという企業が少なくない。自分の思い入れのある計画や方針であればあるほど、経営者は途中で変更したがらないものである。しかし、その内容が間違っていたり、事情が変わってしまえば変更すべきことは当然である。にもかかわらず作りっぱなしの計画や方針はあちらこちらで見ることができる。そこには変更することを面倒がるだけではない理由がそこにある。トップ戦略は抽象的、概念的なものであり、いかようにでも運用できるのだから変更の必要性もさほど出てこないという考えがそこにある。しかし、どうとでも解釈できるような計画や方針にどれほどの意義があるのだろうか。具体的な作業まで指示する必要はないとしても、どこに向かうべきか、何をどれだけがんばるべきかといったベクトルや力配分を示さない限り、組織は同じ方向にも進まないし、同じリズムをもって行動できない。まっすぐ進むべきか進路を変えるべきか、全速力で走るべきかほふく前進すべきか、進むべき方向性とスピードを司令官が指揮しなければ社員を統率することができず、組織は烏合の衆となりかねない。表向き一致団結しているように見えていても、何か事が起きれば組織は一丸となって動かない。

●失敗してもゼロまで戻らないスパイラル型のマネジメント

　本来、PlanDoSeeマネジメントはPlanどおりに事が進むものとは考えない。どうせDoしてみればPlanのとおりに行かないのだから、その差異をしっかりとSeeすることによって軌道修正していけばよいというのが基本的な考え方である。ゴールに向かって一直線に進むことはできなくても、地道に軌道修正を繰り返していけばスパイラル的にゴールに近づいていけるはずだと考えるのである。ゴルフにたとえれば少なくともゴル

ボールが後ろに飛ばない限り、一打ごとに方向性と距離感を修正していけばいずれホールアウトできるはずである。PlanDoSee マネジメントの醍醐味は失敗からの学習にこそある。作りっぱなしの計画や方針にその醍醐味はない。ゴルフにたとえれば左に曲がりすぎたのであれば戻せばよく、グリーンからの距離に合わせてクラブを選べばよい。今日はどうも左に曲がるなと思えば次のホールから右方向を意識すればよい。何度やってもパターがうまくいかないのであれば、明日からパターの練習にいそしめばよいだろう。PlanDoSee マネジメントがしっかり回っている企業では紆余曲折があっても中長期的にみればきっちりと帳尻を合わせてくる。見た目だけ同じような経営計画を策定してみたところでその差は埋まらない。真似すべき事は Plan ではなく、PlanDoSee のかたまりなのである。

●仮説にすぎない計画を検証しながら学習していくマネジメントへ

ユニクロ柳井社長は自著「一勝九敗」の中でいかに失敗を恐れずに失敗から学ぶことの大切さを教えている。しょせん 10 回挑戦してみても成功するのは 1 回くらいにすぎないとわかっていれば、一つの計画や方針にすべてをかけて力尽きるようなやり方が賢明でないことに気づけるはずである。小さく考えて早く行動し、だめだったら反省して次を考えるといったスピード感が PlanDoSee マネジメントには不可欠である。柳井社長には失敗を嘆き落ち込んでいる暇はないのである。十に一つしか成功しないのが計画ならば、計画の本質は仮説である。計画が仮説ならば検証するのが当然である。Plan と See が対であることがここでもわかる。See は Plan どおりに Do できたかを検証するベリフィケーションだけでなく、Plan がそもそも適切だったのかを検証するバリデーションも必須となる。朝令暮改となるような不完全な計画策定は別としても、トップは朝令暮改となることを恐れてはいけない。トップが責められるとすれば、失敗から何も学べずに同じような失敗を繰り返してしまうことと、失敗を恐れていつまでたっても学習できずにいることである。大きな成功は小さな失敗の積み重ねの結果である。仮設にすぎない計画は小さくつくって早く試してみるべ

きである。ある企業が一つの経営計画を何年もかけて実行しているうちに、ユニクロはその同じ期間中に十もの経営計画をまわしている。「一勝九敗」の凄みはここにあるのである。

第 II 部

なぜ戦略をマネジメントすることが必要なのか

第4章

鳥の目虫の目魚の目を駆使して見つける繁栄への道

1　その経営計画は経営環境を鳥瞰できているか

●目先のこと直近のことだけで行動する危険性

　経営計画の善し悪しは経営環境の把握によってその多くが決まってしまう。今何が起きているのかを適切に知ることができれば優劣の差はあっても誰もが必要な行動を取ることができるだろう。しかし、現実は目の前で起きていることすら正しく認識できていないことが少なくない。あまりにも壮大な出来事が進行している場合、目先のことや直近のことだけしか見えていないと全体として何が起きているか理解することは難しい。交通事故が起きた現場から遠く離れた地点では、前方の車のスピードがちょっと落ちたくらいの変化にしかならないように、集客力の低下が売上や利益といった実績に影響してくるのは少し遅れてからとなる。過去の営業結果にすぎない売上や利益をみて来期以降の業績を予測するのはナンセンスである。来期以降の業績は今、最前線で営業担当者が経験している商談での感触の延長線上にある。さらに、次期商品の企画開発の状況や今期採用の新入社員のモチベーションの延長線上にある。そしてその先は、景気の停滞や新たな業界規制が台風のようにやってくるかもしれないのである。

●お決まり情報ばかり集めても先は見えない

　KGI（Key Goal Indicator、重要目標達成指標）も KPI（Key Performance Indicator、重要業績評価指標）も経営環境を把握するうえで極めて有用な情

報である。しかし、KGIやKPIだけに固執してしまうのは危険である。KGIやKPIは膨大な経営情報の中からエッセンスとしての情報だけを取り出して着目するものであり、あくまでも経営者に対して何らかの経営環境の変化をアラートしているにすぎない。KGIやKPIの値を形成するにいたった経緯については何も語らない上、設定されたKGIやKPIに関係しない出来事には無関心である。経営環境が変化して経営戦略を変更した結果、売上重視の経営スタイルから利益や生産性重視の経営スタイルにシフトしたならばKGIも変えなければゴール指標としての役割も果たさない。ビジネスモデルが変わって現場での仕事のやり方も変わってしまえばCSF（Critical Success Factor、主要成功要因）もがらっと変わってしまい、それにあわせてKPIも変更しなければアラートとしての意義もなくなってしまう。KGIやKPIによる監視、測定は重要だけれども、その前提となる経営環境自体の変化に気づけるような目を持つことの方がもっと重要なのである。

●隅から隅まで見渡すことの難しさ

　経営環境の変化に気づくことは容易ではない。かすかな兆候に気づくことが難しいだけでなく、その兆候に気づいたときにはすでに時遅しということが少なくないからである。しかし、経営環境の変化に気づくことの難しさはそのスピードの速さだけにあるのではない。変化のスピードだけであれば、地震計のように本社ビルから営業所、倉庫、工場など至る所にセンサーを張り巡らせて情報収集すればよい。営業担当者にCRM（Customer Relationship Management、顧客管理システム）用のスマートフォンを持たせたり、パレットやケースに無線ICタグを設置して商品の動きをトレースするのも手だろう。しかし、経営環境の隅から隅まで見渡すことは難しい。今この瞬間、社員の誰かが鬱になりかけてるかもしれないし、今まさに後で大きなクレームとなる不良材料の検品に失敗しているかもしれない。さらに経営環境は社内だけではない。客先の購買責任者が異動になったり、競合先が客先を強くプッシュしているかもしれない。最

新の営業ツールを営業担当者に持たせたところで、肝心の営業担当者がぼんやりしていれば、今日も平穏な1日でしたという営業日報があがってくるだけである。

●分析脳を鍛えるよりも観察眼を鍛える方が先決

　データアナリストやデータサイエンティストという職種に注目が集まっている。ビッグデータに対して高度な統計知識を駆使して傾向分析すること自体が間違っているわけでは決してないが、よくも悪くもデータ分析の出来はデータの質次第である。料理の善し悪しが素材と料理人の腕前で決まるように、データ分析においても、分析者の能力うんぬんの前に素材としてのデータが新鮮であること、均質であること、意味を持つことという質が確保されているかどうかが問題となる。営業日報や議事録、問合せ記録といったデータでは書き手が何を大事と感じるかによって記録される情報と聞き流される情報とに分かれることになる。センサーやソーシャルメディアから取り込まれたビッグデータにしても、そこから何を見ようとするのかという観察眼がなければ貴重なデータを素通りさせてしまうだけである。川に魚が泳いでいるとしても、目の前を流れる水だけを見ているだけでは運良くそこを魚が通ったとしても一瞬の出来事に気づくことは難しい。反対に、川全体をぼんやり眺めていても魚の姿に気づくことは無理である。川底に等間隔でカメラを設置して魚影を追いかけてみえてはじめて魚の存在を確認することができるだろう。ビジネスにおいても事情は変わらない。月末だけ売上や在庫を数えてみたところで会社を取り巻く環境変化を知る由もない。分析脳を鍛えることは大切である。しかし何を見るべきかという観察眼を鍛えることなくしては分析脳を活用する場面はいっこうにおとずれないだろう。

●鳥の目レーダーとしての情報システムの必要性

　IT（Information Technology、情報技術）を駆使すれば人間も鳥の目を手に入れることができる。しかし、多くの企業で動いてる情報システムは

第Ⅱ部　なぜ戦略をマネジメントすることが必要なのか

鳥の目と呼ぶにはほど遠いものである。販売管理システムは、注文がどのようにして売上に至ったかについては何も語らないし、生産管理システムは、材料がどのようにして仕掛品や製品へと変化したかについても何も語らない。人事システムにしても、社員のスキルは教えてくれても、どうやってスキルを身につけたのかについては何も語ってくれない。優れた営業活動や生産方法、資金繰りや人材育成といったCSFとも言うべき成功要因があったとしても何も知ることができないのである。鳥の目レーダーとしての情報システムを構築するためには、まずは企業活動の全貌を見渡さなければならない。宣伝広告活動が重要ならば、そこに情報収集するためのセンサーを設置する必要がある。営業担当者の身だしなみや言葉づかいが重要ならば、そこにもセンサーを置くべきである。人材育成にある種の経験の有無が関係しているならば、やはりそこにもセンサーが必要である。昔ならばトップや内部監査スタッフが現場を見回ったり、アンケートやヒアリングといった手段によって、情報システムでは捕捉できない情報を補うといったことも行われていたが、無線ICタグやスマートフォンと

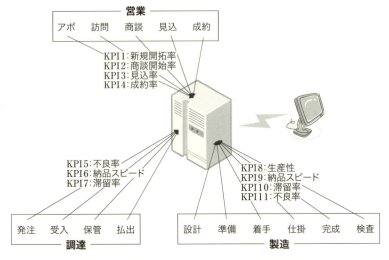

図表4-1　鳥の目レーダーとしての情報システム

いった情報収集手段がある現代では、あらゆる情報をビッグデータとして集めて分析することができる。Plan重視だった戦略マネジメントにおいてSeeの役割、意義が高まってきているのである。

2　先にあるチャンスやリスクをキャッチする魚の目

●夢の話、先の心配は意外と早くやってくる

　インターネット広告などまだまだ早い、テレビや新聞などマスメディアの力は圧倒的だと言っていた大手広告代理店の営業担当者も今では肩身が狭い思いをしていることだろう。小規模企業であっても商品やサービスが良ければソーシャルメディア上の口コミだけで人気企業になれるし、才能があれば普通の人でもYoutube動画やKindle電子書籍で人気者になれるチャンスがある。おたおたしていると目の前のチャンスは他社に奪われ、リスクが現実となる。明らかに時代という流れのスピードは加速している。乗り遅れればあっという間に置き去りにされてしまう。無料で高機能なクラウドアプリがあるのにそれを知らずに大金払ってシステム開発するのでは笑い話にもならない。情報を持っているか持っていないか、ただそれだけの違いが企業の命運を決めてしまう。3年、5年ベースの経営計画にもとづいて真面目に商品開発してようやく販売にこぎ着けたという時には、顧客も競合先も別の次元に行ってしまっていたということが起きてしまうのである。Yahooは当初自前で持っていた検索エンジンを競合先のGoogleに置き換え、その後、MicrosoftのBingに乗り換えた。その間に国内外に多くあった検索会社はM&Aを繰り返しながら、その多くが消えていった。チャンスに乗り遅れる者やリスクをかわしきれなかった企業が脱落していったのである。

●過去実績と社内情報ばかり集める情報システムの限界

　先にあるチャンスやリスクをキャッチする魚の目の必要性がますます高

まっているにもかかわらず、多くの企業ではいまだに過去実績ばかり集める情報システムを使い続けている。おまけに集める情報は社内に関係するものだけというのでは、スピードを上げてやってくるチャンスやリスクに対応しようがない。集める情報の形態にも問題がある。流れの中で次々前からやってくる餌や敵、障害物を見極めなければならない魚の目では、虫の目のような厳密さは要らないし、横や後ろを見渡したり、はるか先まで見渡すほどの広角性は要らない。厳密でなくてもいいから、おおざっぱにかつ素早く状況を察知する必要があるのである。一般的に企業の業績は月次や早くて週次といったサイクルで評価されていることが多い。また、情報の形式も受注件数や売上金額といった行動結果を意味するKGIであることが多い。しかし、これではチャンスやリスクが通り過ぎてしまう後を追いかけるだけになってしまいかねず、その存在に気づいたとしても何者なのか知らずに見逃してしまうことになりかねない。魚の目に必要なのは、速報値であり、変化の兆候を表すKPIである。

　そして、ニュースリーダーやGoogleアラート、業界紙などインターネットメディアを通じて社外情報にも目をやらなければならない。魚の目としてイメージできる情報システムは、社内の多様なニュースを自動かつ手動で投稿できるブログのようなものである。営業担当者が何のことなのか思い出せないような過去の営業活動結果としての会計情報では魚の目になりようがないのである。

●未来は予言できなくても将来を予測することはできる

　先のことはわからない、考えても仕方ないという人達がいる。先読みや予測などできるわけがないと愚痴る人達がいる。注意すべきことは、未来を予言することと将来を予測することとは意味が違うということだ。現在から遠く離れた未来の時点の状況を予言することはできなくても、現在からの延長で考えられる将来の時点の状況を予測することはできる。来年の夏にどれだけの台風がくるのかを予言することはできなくても、今、南方にある台風が明日明後日にどこまで進んでいるのかを予測することはでき

るのである。このことを勘違いしてしまうと、需要予測システムやデータマイニングといった統計手法でできることとできないこととを混同してしまうことになる。統計手法でできることはあくまでも現在の延長であり、現在に関する情報インプットが不正確であったり不足していると、その精度は著しく低下する。今に関する情報はこれからどうなるかを知るための材料であり、今の情報を「今」使ってみたところですでにそれは「昔」のことであることをしっかりと理解しなければならない。「昔」の情報にもとづいて「今」をどうこうしようとしている人は、「今」の情報にもとづいて「先」をどうするかを考える人と周回遅れになっていることに気づいていない人は意外に多い。

●アーリーアダプタの登場や行動を注視する

　先を考えることの重要性は営業やマーケティングにおいて特に重要となる。今日存在する顧客や顧客ニーズは明日には影も形もなくなっているかもしれない。市場や顧客の動きが移り変わるスピードは社会や組織が変わるとは比べものにならないほど速い。Facebookなどソーシャルメディアによって口コミ速度はますますスピードアップするばかりであり、1日もあればまたたく間にポジティブな情報もネガティブな情報も世界中を駆け巡っていく。魚や鳥の群れに先頭集団があるように、人の口コミや流行にも先頭集団が存在する。

　口コミや流行を起こし、広めるのはオピニオンリーダーと呼ばれる人々である。もう少し正確にいえば、イノベータ理論におけるイノベータ（革新者：市場全体の2.5％）とアーリーアダプタ（初期採用者：市場全体の13.5％）である。イノベータは未知の商品やサービスに自ら進んで手を伸ばす存在であり、アーリーアダプタはイノベータに次いで早く物事を受容する層である。特にアーリーアダプタは、新しいものを自らで判断して採用する先進性を持ちながら、しかも一般的な価値評価とずれが少ない価値観を持っているため、後続するアーリーマジョリティ（前期追随者：市場全体の34.0％）やレイトマジョリティ（後期追随者：市場全体の

34.0％)、ラガード（遅滞者：市場全体の16.0％）の判断を牽引するオピニオンリーダーとしての役割も果たしている。

新商品を購入する顧客の中にアーリーアダプタ的な存在が出てきたか、そしてその行動や意見はどのようなものかをキャッチしなければ売れるものまで売れなくなってしまう。

業界リーダーの動きが変わったにもかかわらず、そのフォローに立ち後れてしまうと市場から取り残されてしまうかもしれない。魚の目は特に現代に生きる企業にとって最重要な目と言っても過言ではないかもしれない。

3　前だけでなく足下にも虫の目で注意する

●これから始まる変化が今そこで起きているかもしれない

人は少しずつ変化するものに鈍感である。子供の成長を親よりも時々やってくる祖父母の方が感じやすいのもそのためである。企業においても同じことが起きている。少しずつ職場のモラルが落ちていたり、社員の誰かの元気がなくなっていることは同じ職場で働いている上司や同僚はなかなか気づけない。定期巡回でやってくる業務監査の担当者が気づくのは祖父母のそれと同じ理屈である。特に、少しずつ客足が落ちてくる、少しずつ注文電話が減ってくる、少しずつ客単価が下がっているといったネガティブな変化や、問合せを受ける機会が増えた、口コミをみたという人が増えてきたといったポジティブな変化は、水が沸騰する時のように最初じわじわと始まって、あるときに一気に激変するという動きをとる。誰もが気づくようになってからではリスクにもチャンスにも対応しきれない。前方からやってくる変化に対応するのが鳥の目だとすれば、これから起きようとしている小さな変化を感じ取るのが虫の目なのである。

●変化の場面に居合わせても気づけない愚かさ

近隣の競合店をまわってあくせく情報収集し、品切れになった商品を見

つけて仕入し、売上を獲得するような店長もいれば、自分の店舗で起きている品切れに対して顧客が不満を持っている姿にまったく気づけない店長もいる。POSデータだけをみているだけでは、品切れの商品の代わりにしかたなく購入される代替品を売れ筋と誤解してしまいかねない。虫の目とは、まさに現場の観察眼であり、情報システムの出力帳票だけを眺めていても顧客の生の表情は見えてこない。ほかに選択の余地がないからしかたなく代替品を買っていた顧客は、より好ましい商品やサービスが出てくれば迷うことなくシフトするだろう。情報システムの出力帳票だけを眺めて安心していると、いつの日か痛い目にあうかもしれない。顧客の声に誠実に耳を傾け、行動を観察していれば声なき声に気づくことはさほど難しいことではない。問題は気がつこうとしない姿勢にある。

◉狭い視野や近視眼がいつでも悪いわけではない

顧客ニーズや社員意識の調査といえば必ずといって出てくるのがアンケートの実施である。しかし、アンケートの結果が常に正しいわけではないし、質問項目次第で結果も変わってくる。むしろ、数人の得意客や代表的な社員に集まってもらって、自由に意見を出してもらうワークショップを開いた方が本音を聞ける可能性が高い。自分の持ち場の現場しか見てないマネジャーに対して視野が狭いとか近視眼的だと責める前に、本当に現場のことを見ているのかを問題にすべきである。狭い視野や近視眼がいつでも悪いわけではない。

大切なことを見落としたり、通り過ぎる重要な変化を見逃すことが問題である。しょせん、世の中で起きているすべての事象について知ることはできない。目の前で起きていることから何を予測し、推測できるかの方が間違いなく重要である。

◉小さな変化を見逃さないためのビッグデータ経営が始まる

店舗での来店状況や、コールセンターでの受電状況、物流センターでの入出庫状況、工場での生産状況など、従来であれば情報把握することが困

難だった現場でのリアルタイムな変化を、センサーと無線ネットワーク、クラウドの組み合わせによって情報監視することが可能になっている。しかし、技術的に可能になったにもかかわらず、経営者や担当者側がそれをどのように使えばよいのかというアイデアと業務体制が追いついてきていないのが実情である。現場は目の前の仕事をこなすことで手一杯であり、管理職や経営者は週報や月報を見るのに手一杯で、日々の変化にまで対処することが考えつかないのである。裏返せば、そのボトルネックを打破した企業には大きな競争優位が手に入ることになる。すでにネットショップの分野においては、ビッグデータを駆使してタイムリーに品揃えや店のつくりを変えているといったことが普通になっている。Google アナリティクスを使いこなせば、自社 Web サイトの訪問者や離脱者の増減、アフィリエイト先の効果や口コミサイトの影響を知ることも簡単である。リアル店舗においても、センサー設置によって人の動きも商品の動きも追跡することが可能である。ビッグデータは鳥の目を強化するものというよりも、虫の目を強化するものといえるのかもしれない。

4　鳥の目虫の目魚の目を併せ持つ戦略眼

●縮尺の違う地図を見比べることで虫の目と鳥の目を併せ持つ

そもそも鳥の目虫の目魚の目はそれぞれ構造が違いすぎるため、同時にその機能を持つ万能の目を持つことは不可能である。できること、めざすべきことは鳥の目虫の目魚の目の三つを併せ持つことであり、場面によって使い分けることである。その中でも、細かな情報を拾い出す虫の目と広く見渡す鳥の目を併せ持つことは、昔から行われきたことである。

たとえば、損益計算書や貸借対照表、キャッシュフロー計算書によって会社全体の業績を把握し、気になる数字があれば部門損益や取引先台帳、商品別売上といった詳細情報をみるといったことがこれにあたる。今ならばデータウェアハウスでのドリルダウンや、Google Map のズームイン

第4章　鳥の目虫の目魚の目を駆使して見つける繁栄への道

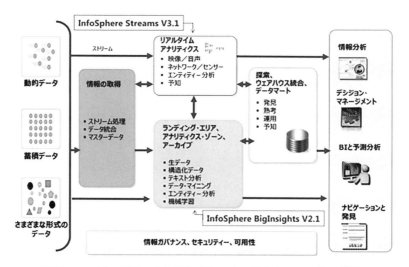

図表 4-2　ビッグデータに期待される虫の目と鳥の目の複眼機能
（IBM『InfoSphere BigInsights』説明資料から引用）

ズームアウトといった IT 機能によって、より広範囲によりスピーディーに虫の目と鳥の目の切り替えができる。ここで問題となるのは、鳥の目で見渡している範囲に対して網羅的に虫の目で詳細探索できるかという点である。Google Map 上の地図を例にとれば、ズームインすると詳細な縮尺地図が用意されていないために情報が表示されない地域があるのがそれである。企業経営においても同じことがよく起きる。中小企業や上場企業が四半期決算で利用している売価還元法ではグロスの売上原価は算出できても、個々の棚卸資産がどうなっているかは知ることができない。経営分析のために使われる社内情報システムの多くも、詳細な取引データは時系列や部門で集約され、せいぜい週次や月次集計や対前年当月比較といった粒度（縮尺）でしか情報を見ることができないことが多い。昨今、ビッグデータが何かと話題となり、IT 技術者だけでなく、経営リーダーからも注目を集めているのも、ビッグデータが鳥の目と虫の目を併せ持つための切り札になることを期待されているからなのである。

第Ⅱ部 なぜ戦略をマネジメントすることが必要なのか

●ストックとフローを見比べることで虫の目と魚の目を併せ持つ

次は虫の目と魚の目の組み合わせについて考えてみよう。実は虫の目と魚の目の切り替えもわれわれは普段からよく行っている。車に乗れば魚の目で前方に見えてくるものを判断してハンドルを切り、時々メーターに目をやってスピードメーターや燃料計、カーナビに目を配る。製造業であれば工場長は事務所で工程予定と作業実績をみた後、工場の中を見歩く。戦略マネジメントにおいて重要な役割を果たす経営分析にも虫の目と魚の目の切り替えが不可欠である。財務諸表は年次や四半期、月次といったある一定時点での経営成績をスナップショット的に撮影しただけのものであり、日夜どの時点をとってもそのような経営成績というわけではない。前から突っ込んでくるトラックを写真にとれば止まって見えるに決まっているが、見ている間にもトラックは迫ってきているはずである。利益率の悪化や流動性の低下といったネガティブ傾向がどの程度のスピード感で進行しているのかを知らなければ、経営はたちまち行き詰ってしまう。日々が戦争だと感じている営業担当者などの立場からみれば四半期や月次の資料では遅すぎだろう。ノートパソコンやタブレットを開けば社内外の経営情報がビッグデータとしてリアルタイムに処理されポータル画面上に速報表示されるしくみがまだない経営者は、今すぐに自分の足で現場を回らなければならない。経営者にとって魚の目を併せ持つことの重要性はすでに述べたとおりである。

●ビジョンをストーリー化することで鳥の目と魚の目を併せ持つ

最後の鳥の目と魚の目の組み合わせはまさに経営者が持つべき複眼機能である。広くまわりを見渡すと同時にこれから起きるであろう将来にも目をやる、まさに戦略マネジメントそのものと言ってもよいだろう。経営環境を鳥の目で鳥瞰し見える化するための手法が第7章において詳述する3Cや5Force分析であり、鳥の目で見たものに動きを与えて魚の目で先を読むための手法がSWOT分析から戦略ストーリー、バランススコアカード戦略マップといったものとなる。

鳥の目と魚の目を併せ持つことで戦略策定の質は自ずと上がる。さらにそこに虫の目が加わればこれ以上ない複眼を持つこととなる。多くの組織においては（そうでないことを祈りたいが）、現場まかせの虫の目から意図的に限定されてあがってくる社内情報に、鮮度の低い業界誌や怪しげなうわさ話にもとづいて、鳥の目で経営計画を立案するという構図になっている。経営者がめざすべき姿は、よどみなく流れてくる現場からの虫の目情報にもとづいて、鳥の目で全体像を鳥瞰し、信頼できる専門家からの業界情報やソーシャルメディアからの口コミ情報を評価して魚の目で進むべき戦略ストーリーを描くという、鳥の目虫の目魚の目を併せ持つ戦略眼を持つことなのである。

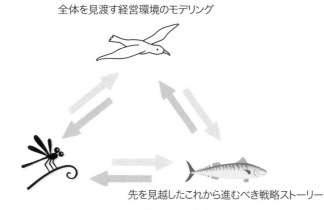

図表 4-3　鳥の目虫の目魚の目を駆使する戦略マネジメントの流れ

第5章

戦略に疑いの目を向けるための
ダブル・ループ

1 PlanDoSee サイクルにまつわる混乱

● Plan が先か See が先か

単純明快そうに見える PlanDoSee だが、深くその意味について議論すると意外と人によって認識がまちまちであることがわかってくる。計画して実行して評価するというそのシンプルな考え方をいざ実践してみようとすると、何も知らない、わかっていない状況では Plan しようがないことがたちまち分かるだろう。だとすれば See から始めるべきだという考え方が出てくるのは当然である。しかし、See から始めるのだとすれば、そのとき何を評価していることになるのかだろうか。Do の結果の善し悪しは結局、Plan がなければ評価しようがない。そこでよく見かけるのが新任の役員や社外コンサルタントが自分の価値観や物差しを即席の Plan として振りかざし、経営革新や業務改革を叫ぶという構図である。つっこむべきことは、その前提となっている価値観や物差しはそもそも自社にとって適切なのかどうかである。Plan はしょせん仮説にすぎない。仮説は実践され検証されなければならない。

PlanDoSee は常に一体の関係にあるものであり、Plan だけを振りかざすことも、See だけで満足することも誤りなのである。だとすれば、Plan から始めるべきか See から始めるべきかという議論自体ナンセンスだということに気づかなければならない。どこからはじめてもいいけれども常に PlanDoSee をまわさなければ結論を出してはいけないのである。まず

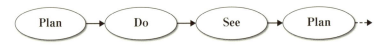

図表5-1　仮説検証としてのPlanDoSeeサイクルに先も後もない

は経営環境を分析し（See）、その内容にもとづいて戦略ストーリーを策定し（Plan）、戦略ストーリーの内容をすぐに社内伝達してみて（Do）、その反応をみる（See）というサイクルをまわしてみてはじめて、その戦略ストーリーが有効かどうか見えてくる。重要なことは、Planはあくまでも仮説にすぎず検証してはじめてその有効性がわかるということである。より多くのことが詰め込まれた重厚な計画書は果たしてどれだけの人達が理解できるだろうか。その有効性を評価することなく盛り込まれた数多くの仮説をどうやって検証するというのだろうか。読むだけで大変というような計画書を書いている人に仮説検証という考えはおそらく存在しない。仮説検証ありきのPlanDoSeeサイクルは短く速く、そして何度も何度も繰り返される。年に一度の計画が年に一度評価されるというのでは、すでにPlanDoSeeは本来の輝きを失っているのである。

● DoをSeeするのかPlanをSeeするのか

PlanDoSeeはさらに大きな落とし穴がある。それは、SeeはDoに対してするものなのか、Planに対してするものなのかという点である。いやいやPlanとDoのギャップを見るのだという意見に対しても、ではそのギャップはPlanが悪いから生じたのか、Doが悪いから生じたのかという議論が残ってしまう。Plan自体が仮説にすぎないということを考えればPlanどおりにいかなかったとしても必ずしもDoが悪かったとはいえないはずだ。しかし、ビジネス体験の多くからは実行部隊の能力が不足していたり、予期せぬ出来事が原因となって計画どおりDoできなかったという状況があちこちで起きていることも否定できない。結局、Seeによって明らかになるのはPlanとDoとの間のギャップであり、そのギャップの原因はDoでもPlanでもありうるということなのである。計画どおり

に実施してみたところ想定通りの結果が得られたのだが、より上位の計画——多くの場合は戦略かもしれないが——からみるとあまり好ましいものではないということが起きる場合もある。たとえば、「売上増大」という目標に対して営業実績がその目標を達成したとしよう。しかし、新規客ばかり優遇したばかりに既存客が嫌気をさして離れていったとすれば、とても喜んではいられない。

単なる「売上増大」というPlanには「健全な」売上を獲得するという思慮が不足していたために、「収益の安定」や「顧客の創造」といった上位の計画に反する結果を生み出してしまうのである。ここでもPlanDoSeeが連続的で一体のものであるという理解が重要であることが浮かび上がってくる。トップマネジメント、ミドルマネジメント、ロワーマネジメントごとにぶつ切りされたPlanDoSeeは危険きわまりない。常に、経営戦略で描かれた経営者の思いが最先端の現場での結果と比較されなければならない。直属上司の指示にしたがって仕事をしているだけの社員しかいない会社に未来はない。Planからは最下位のDoとの比較を、最下位のDoからは最上位のPlanとの比較を常に意識しなればならないのである。

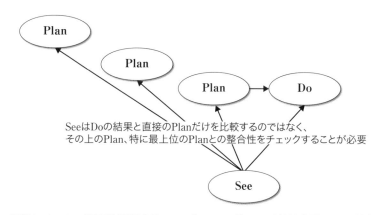

図表5-2 Seeは直接関係するPlanとDoのギャップだけを見るのではない

第Ⅱ部　なぜ戦略をマネジメントすることが必要なのか

● **Seeの後はDoなのかPlanなのか**

　Seeの後はPlanに戻るという当たり前の理屈も現実はそう簡単な話でもない。Seeの後はもう一度Doに戻るという流れが珍しくないからである。特にトップマネジメント、ミドルマネジメント、ロワーマネジメントという大きなマネジメント層の間では計画や命令が上から下へと下りていくことがあっても、結果や評価が下から上へと上がっていくことは限られている。むしろ、自分に対する評価が下がることを恐れる中間管理職はネガティブな報告を好まず、上に知られる前に自分でなんとかしようと考えがちである。その結果、Seeの後はPlanに戻らず、何度もDoに戻るというおかしな現象があちこちで起きる。

　Seeの後はPlanに戻るという当たり前のことが起きない原因はPlan自体にもある。本来、PlanにはKPI（Key Performance Indicator、重要業績評価指標）などSeeのための測定基準や方法も計画しておく必要がある。しかし、多くの中期経営計画や年度目標にはめざすべきKGI（Key Goal Indicator、重要目標達成指標）記述はあっても、その経過状況を測定監視するためのKPIが設計されていない。これではわれわれは最終結果しか興味がないと言っているようなものである。計画を立てたならば上も下も関係なく全社をあげて実行するという会社が成功していることは火を見るよりも明らかである。

2　行ったきりで戻ってこないPlanDoマネジメント

● **PlanなしでDoSeeだけがまわり出す**

　自分の管理能力不足を責められることを嫌う中間管理職達は、実行結果が悪ければ悪いほど、上司に報告したがらない。その結果、PlanDoSeeからPlanが脱落したDoSeeサイクルが走り出すこととなる。DoSeeサイクルでの評価と指示は精神論に陥りがちである。もとのPlanを達成することしか頭にないため、Plan自体に欠陥があろうとも現場が悪いと責め立

てる。いくら努力しても成果が上がらず、努力が足りないと叱責され続ける中で現場は疲弊し、士気は下がり体調不良者さえ出てくる。無理な活動を強いることによって別の問題が生まれ、その問題を封じ込めようとしてさらに問題が起きる。現場まかせの上司が問題状況を知ったときには時すでに遅しであり、もはや打つ手がないということになる。Planが年度目標や中期経営計画といった長期スパンのものであっても、その実施状況は日々進行している。日単位が難しくても週報や月報程度の頻度であれば報告、チェックは可能なはずである。計画立案者はテーマごとのKGIに対するKPIなど最新の実施状況をモニタリングするためのダッシュボード機能を持つべきである。

● Doをしたことがない人間がPlanする愚かさ

世の中には企画屋とか計画請負人といった計画はするけれども実行には関与しない人達がいる。中には補助金申請などが目的でお金を出して計画書を書いてもらう組織すら存在する。現場でまわせるかなど気にもしない人達が作成した計画書がうまく機能するわけがないのは当然なのだが、悪意のない社内の人間ですらこうしたことをやってしまうことがある。年功序列の企業文化が薄れてきたとはいえ、マネジャー職の多くは年配者であり、知識や経験にあふれた人材ばかりがマネジャーになっているとは言いがたい。その結果、Doしたことがない事業や業務のマネジメントを任されるというケースが出てくる。優れたマネジャーであれば現場経験が重要であることを十分承知しており、自らが現場参加してDoを体感しようとするだろう。しかし、現場の仕事はDoであり、マネジメントはPlanとSeeをするものだと思い間違ってしまっている人達は、マネジャーになったとたんに現場を軽視し出す。現場がどんな仕事をしていて常にどのような状況にあるのかを知らずにPlanしようとするのである。煩雑な営業事務に時間をとられる営業担当者に対して新規営業が少ないことを問題視したり、急な予定変更による入出庫に追われる物流担当者に対して整理整頓ができていないことを問題にしてみたところで反感を買うだけである。現

場とともに問題原因を探り、改善策について考えるという当たり前の取り組みができるかどうかがマネジャーに問われる資質だということに気づいていない人が少なくないのである。

● Do だけを担う現場の悲哀

経営戦略や経営計画は承認確定されると、各部門長にまわされて部門計画へとブレイクダウンされる。さらに部門計画はアクションプランへとブレイクダウンされ、最終的に最末端の現場に行き着く時には、作業命令や個人目標へと分解されていく。その結果、現場担当者は自分の周りのことしか見えず、上で何を考えているのか、会社全体の動きの中で自分がどのような役割を果たしているのかを知ることなく、日々Doだけのために働くという悲哀が生まれることとなる。そこには崇高な目標感はなく、将来への期待や希望もない。経営参加しているという感覚は当然に一切ない。トップが現場をまわり会社の未来を語って社員を鼓舞する、ミドルマネジメントがトップの思いを部下に伝え、部下のがんばりや悩みをトップに伝えるといったことが普通にできる会社であれば、こうした悲哀が現場に生まれることはないはずである。

●犯人捜しか責任逃れに終始する See

See ほど PlanDoSee サイクルから分離運用されているケースが多いものはないだろう。経理部門での決算業務など See 自体が Do となっている部署や仕事があることも事実である。

See を取り巻く主たる問題は、そもそも何のために See するのかということにある。本来ならば See によって Plan どおりに Do できているかチェックするのが当然だが、実際にはすでにわかりきっていることを確認するために行われていることが多い。業績がよくなったり悪くなったりしていることは、営業や物流現場に聞けばすぐにつかむことができるし、会計情報ですら期中であっても試算表を出してみればおおよそのことはわかるはずである。

正式な業績レポートや会計資料が揃う頃には関係者は皆、答えを知っており、その詳細を見たいだけということが少なくない。そこで行われることはすでに明らかになっている業績悪化の原因や犯人捜しであったり、原因部署にとっての責任逃れの材料探しであったりする。犯人捜しや責任逃れに終始するSeeにはもはや、Planの達成のためにDoを強化したりPlanを見直すのだという目的感は存在しない。そこにあるのはもう回ることのないPlanDoSeeサイクルをどう終わらせるかという、後ろ向きな目的感しかみえてこないのである。

●分断してはいけない PlanDoSee サイクル

戦略マネジメントにおける主要な問題は戦略の出来の良し悪しではない。PlanDoSeeサイクルの分断こそ認識すべき問題である。Planだけをするトップ、伝達だけをする中間管理職、Doだけをする現場、SeeをDoにする専門部署など、PlanDoSeeサイクルがズタズタに分断されている状況を改善しなければならない。戦略ストーリーや戦略シナリオを書いただけで満足してはいけない。それを実行するためのアクションプランを策定して実行部隊を編成しなければならない。アクションプランの実行では

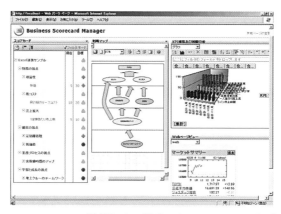

図表5-3　PlanDoSee の連携による戦略ストーリーのコックピット化例
（Microsoft Office Business Scorecard Manager）

その実施結果も同時に測定しなければならない。そして、その評価結果はアクションプランの策定者にはもちろんのこと、そのもととなった戦略ストーリーや戦略シナリオの企画者にまでタイムリーにフィードバックしなければならない。紙に書いた静止画にすぎない戦略ストーリーに動きを与えてハンドルやアクセルブレーキ操作といった対話可能なコックピット画面を与えてくれるのがDoとSeeの連携なのである。

3　階層ごとのマネジメントループを結びつける

● PlanDoSeeの意識を持たない管理者

PlanDoSeeほど浸透していそうで、そうでないものはない。管理者という職名にはっきりと「管理」と付いているにもかかわらず、管理者がしている仕事の実態はPlanDoSeeからかけ離れている。中間管理職の多くは上位者の部下や下位者の上司である前に、管理者でなければならない。PlanにもとづいてDoを指揮し、その結果をSeeすることによってDoを修正しPlanを見直すことが本来の責務である。決してDoの監督だけが役割ではないはずである。しかし、組織が大きくなればなるほど中間管理職と中間管理職の間にさらに中間管理職が置かれ、その多くが上司の意向を部下に伝達することと部下の仕事ぶりを上司に報告するという伝言者の役割しか果たさないようになっていく。そして自分の責任が問われそうになれば上司への報告をごまかし、部下に無理強いすることとなる。そこには健全なPlanDoSeeの姿はみじんもない。

● PlanDoSeeを階層や部門で終結させない

そもそもPlanDoSeeは管理者ごとに完結するものではない。都合が悪くなれば上司に報告しない部下に指示しないということが許されるはずもない。PlanDoSeeマネジメントサイクルは階層や部門で終結するものではなく、組織全体で連鎖していくものである。年度予算や部門計画、個人目

標すべてが連鎖していなければならない。さらにいえば、中期経営計画や経営戦略、経営理念、創業精神といった超上流の概念もまた連鎖していることが当然である。策定された年度計画や部門計画を評価する際には、中期経営計画や経営戦略との整合性をチェックするのは当然のことであり、経営理念や創業精神の考えとも合致しているかも常に意識しなければならない。部門管理者がチェックする個人目標も直接の部門計画だけでなく、本来ならば年度予算や中期経営計画、経営戦略とも整合性をチェックし、経営理念や創業精神からも逸脱していないかチェックすべきである。そして、Plan は何度も繰り返されることによってその問題点を見直されなければならない。しかし、実際には毎年、毎回計画が一から策定されることが少なくない。See がきちんと Plan にインプットされていないのである。

◉上位と下位を結びつける Plan の展開と See の総括

部門や階層ごとのマネジメントループを結びつけるためには、個々の Plan と See を連結させるためのしくみ、上位から下位への Plan の展開と下位から上位への See の総括が必要である。上位から下位への Plan の展開とは具体的には、Plan の作成において上位の Plan を明示し、それに対する貢献性を示すことである。下位から上位への See の総括とは、直接の Plan に対する結果報告だけでなく、上位の Plan に対する成果や影響も報告することである。そのためには Plan の策定者も See の報告書も上位の Plan 内容を知らなければ仕事ができない。末端社員一人一人が社長の思いを共有し、社長が末端社員一人一人の気持ちを理解しているという状況を作り出すためには、上位と下位を結びつける Plan の展開と See の総括を行うことが必要なのである。

◉社内コミュニケーションはオープンへと向かう

Plan の展開と See の総括が活発な組織では、部門や階層間のコミュニケーションも活発なはずである。不必要なほどに多い中間管理職は PlanDoSee の障害であり、社内コミュニケーションを良好にするために

は、その数を減らさなければならない。一つ一つ階段を上がっていくような古ぼけた稟議制度も排除されていくだろう。すべてのPlanもSeeもすべての部門や階層に必要なものならば、回覧したり共有すれば済むだけの話である。良好な社内コミュニケーションのために、情報共有がしやすいシンプルなクラウドが好まれ、担当者間だけで秘密裏にやりとりされる電子メールは忌み嫌われ、すべてはオープンへと向かっていく。そして、すべてのPlanもSeeも履歴化され、いつでも検索することができる。ラベルやキーワードによって関連するPlanやSeeは漏れなく集めることができる。そしてその情報は常に最新であるとすれば、PlanDoSeeマネジメントは高速回転し始めるだろう。

4　らせん構造で実装する戦略マネジメント

● Planを変えてはいけないという大きな誤解

　Planは仮説にすぎない。Planを変えてはいけないという大きな誤解である。仮説にすぎないPlanだから見直しできる。見直しを繰り返すことによってブラッシュしていくことが必要なのである。作りすぎたPlanは修正しにくく、自信がありすぎるPlanも見直しにくい。そもそも仮説としてのPlanに完璧なものは必要なくアバウトなもので十分である。ゴルフの一打目がラフな方向性しか定めていないように、ビジネスプランの一歩目はラフな方向性を示すものとなる。フィジビリティスタディやパイロット運用といった試行錯誤を繰り返しながら問題点をあぶり出し、その成功確率を高めていくというのが本来的な姿である。できあがりの姿が誰も見えていないシステム開発や、誰もやったことのない業務スタイルへの変更など、実際の組織活動においては大胆を越えて無謀とも言うべき取り組みが平然と行われていたりする。そして今さら変えられない、やめられないというデスマーチが大きなPlanのためにあちこちで起きるのである。

第5章　戦略に疑いの目を向けるためのダブル・ループ

仮説検証を繰り返す中で仮説の
質が高まっていく

図表5-4　教訓によってらせん成長するPlanDoSeeサイクル

●小さくはじめて大きく育てるPlanDoSeeサイクル

　頭でっかちのPlanで大きく失敗するくらいなら、小さなPlanで小さく成功を繰り返す方がリスクも小さく、結果的には着実に大きな成功を得ることができる。接待ゴルフでは無難な刻みのゴルフをする重役が、自社の経営戦略では大きく振りかぶるスイングをするのは滑稽である。小さくはじめて大きく育てるPlanDoSeeには大きく振りかぶるPlanにはない学習サイクルが存在する。考えたことをPlanで終わらずDoSeeまでやってみることによって、たとえ失敗に終わったとしても教訓という成果を得ることができる。だからこそ2ラウンド目以降のPlanDoSeeサイクルはらせん状に大きくなっていくのである。教訓が得られることこそSeeの醍醐味であり、組織の成長、発展はまさにこの教訓からの学習によるものだと言っても過言ではない。

●欠落する上位Planに対するバリデーション

　PlanDoSeeの連鎖によって、下位のPlanになればなるほど最上位のPlanとの直接的な関連性が薄まっていく。その結果、トップの思いとはかけ離れた行動が組織の末端で起きることとなる。こうした問題は官僚制度といわれるように大規模組織になればなるほど顕著に表れる。伝言ゲームのように小さな誤解が連鎖によって、やがて大きな差異を生んでしまうのである。伝言ゲームによる誤解の発生を排除することは簡単である。上流の伝言者が下流の伝言に間違いが起きていないか確認すればよいだけで

ある。PlanDoSeeの連鎖でいえば、上位Planに対するバリデーションがそれにあたる。上位Planに対するバリデーションとは、策定されたPlanが直接上位のPlanだけに適合しているかをチェックするのではなく、その上のPlanや最上位のPlanからみて妥当なものになっているかをチェックすることである。こうした簡単だが極めて重要な活動が驚くほど行われていないのが実情である。Planをすればその分だけチェックが必要となるという当たり前のことが抜け落ちているのである。

5　戦略マネジメントの鍵を握るミドルマネジメント

● PlanDoSeeの連鎖はミドルマネジメントの質で決まる

　PlanDoSeeの連鎖によって差異が生じる原因は伝言ゲームだけのせいにすることはできない。優れた中間管理職がいる組織では上位のPlanと下位のPlanとの間で大きな差異が問題となることは少ない。それは中間管理職、ミドルマネジメントがしっかりと中継機能を果たすからである。ミドルマネジメントは組織のどこを切っても現れる。トップですら、上位グループ企業のトップからみればミドルマネジメントであり、最上のトップですら、株主や債権者からみれば雇われ人である。PlanDoSeeが連鎖するということは、ミドルマネジメントの上司もまたミドルマネジメントだということである。伝言ゲームによる大きな差異が生じるのは、上司のPlanを直接聞いているにもかかわらず、正しく理解できないミドルマネジメントがいるからである。その結果、最上位のトップの思いとはまったくかけ離れた活動が行われることとなる。元の戦略はすばらしくてもミドルマネジメントが途中で手を加えて価値を削いでしまうのである。

●あいまいな役割分担がPlanのスコープを難しくする

　すべての問題をミドルマネジメントのせいにすることは気の毒である。そもそもミドルマネジメントの立ち位置がはっきりせず、役割があいまい

なままで成果だけ求めていることも多い。上司のサポートを重視されるミドルマネジメントもいれば、部下の指揮を重視されるミドルマネジメントもいる。本来ならば中継者としての役割が求められるだろうと思われるが、実際にはより複雑であり、上司が自分を飛び越して自分の部下を指揮することもある。自分の部下の前で上司にしかられるミドルマネジメントは無残である。その後、どうやって部下に対してリーダーシップを発揮すればよいのだろうか。上司が複数いるミドルマネジメントも珍しくない。双方の指示が違う場合は、いったいどちらの指示に従えばよいのだろうか。直属の上司から受けた指示と相反する指示が別部署やより上位者から飛んでくるミドルマネジメントはどのように立ちふるまうのだろうか。さらに、またあるときは社長自らの指示が飛んでくるかもしれない。あちらを立てればこちらが立たない中で、日和見主義的に実を守るミドルマネジメントが出てくるのも自然の理なのかもしれない。上司の命令を真面目に受け止めて正しい命令に従ったり、矛盾を上司に指摘する素直なミドルマネジメントは組織に生き残ることは難しいかもしれない。サラリーマンの悲哀、中間管理職の悲しさをなんとかしてなくすことはできないものだろうか。

●あらゆるところに自然発生するミドルマネジメント

ミドルマネジメントは正式な発令よってだけでなく、あらゆるところに自然発生する。

年齢や勤務年数、学歴や体格などあらゆる違いを理由にして人はボスを作り出す。平社員やパート、アルバイトの間にも自然発生的にボスが生まれて、場合によっては上司の正式な命令よりも大きな影響を持つことも珍しいことではない。上司の命令に素直に従って真面目に働こうとする新人を一人目立つなと仕切るようなボスはいないだろうか。これではトップがどれだけ熱い思いを組織に語りかけても冷や水をかけるようなものである。好ましくない自然発生のミドルマネジメントに目を光らせなければならない。経営戦略の成否は結局、顧客と対面するコンタクトパーソン次

第であり、そのコンタクトパーソンをサポートする最末端のミドルマネジメントの善し悪しで決まるのである。Planの連鎖は上から下へと流れるが、Doは最末端で行われることを忘れてはいけない。ミドルマネジメントが果たすべき役割は上位者のサポートではない。下位者をサポートすることこそ本来的役割である。トップがミドルをサポートし、ミドルがその下のミドルをサポートする、そして最末端のミドルがビジネス現場のコンタクトパーソンをサポートするという支援の連鎖が機能してはじめて戦略マネジメントは完成するのである。

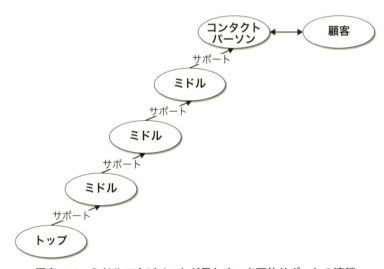

図表5-5　ミドルマネジメントが果たすべき下位サポートの連鎖

第6章

フィードバックありきの戦略マネジメント

1 振り返りの時間を求めない現場の常識を改革する

●月一報告会の虚構と現実

　忙しくてなかなか時間がとれない経営陣に対して、月1回の報告会を開催している組織は多い。しかし、そもそも多数の社員が働く組織で1カ月間に起きた出来事を数枚の資料や短時間の口頭説明に圧縮できるわけがない。都合の悪いことはスキップされ、説明が面倒なことはどこかに押し込まれる。何よりも情報量で劣る経営陣が現場マネジャーに議論で戦えるわけがない。結局、権威を振りかざすか経験にものを言わせて強引に命令することとなる。その結果、現場マネジャーは有効な対抗策を得られることなく現場問題と格闘しながら、経営陣への説明資料づくりという余計な仕事まで抱え込むことになる。こうして月1回やってくる報告会という虚構のための仕事のために、現場問題を解決するための時間を費やしてしまうことになるのである。

●よくない前例、無責任な引継ぎが仕事をだめにする

　業務改革やシステム再構築といったタイミングで過去からずっとやってきていた仕事のやり方が間違っていたということがわかることがある。昔からこうだった、前任者から引き継いだからといって、そのやり方が正しかったわけではない。むしろ、前例や引継ぎの内容に間違いがないか検証することが必要である。当初は意味があったことも今では事情が変わって

しまっていて、同じ事をやっていても無駄になっているかもしれない。特に、作業内容や仕事の手順だけしか引き継いでいないケースは危険である。なんのためにその作業をするのか、なぜやめてしまってはいけないのかという目的感をなくした仕事ほど危ないものはない。目的感をなくした仕事が人から人へと引き継がれていく中で、前任者がやっていたから前例だからというナンセンスな理由が積み上がり、いつの間にかやめるにやめられないという仕事ばかりが増えていくのである。その結果、本当に必要な仕事は時間がない、人が足りないという理由によって避けられることとなる。それがどんなに重要な経営戦略に関わる仕事だとしても事情は変わらない。

◉ See 抜き PlanDo サイクルが当たり前のビジネス現場

当初は運営されていた月例会やレビューミーティングがいつのまにか開催されなくなっていたという経験はないだろうか。その理由を聞くと忙しくて暇がないという答えが返ってきたりする。本当にそれでよいのだろうか。こうした See 抜き PlanDo サイクルが当たり前になってしまっているビジネス現場は少なくない。その結果、日報や報告書は書きっぱなし、たとえ書いたとしても見てもらえないといったことが起きてしまうことになる。そして、こうした See 抜き PlanDo サイクルが、やがて元の Plan から離れ出し、暴走し始めても、事故が起きるまで誰も気づかないということになるのである。本来、問題を見つけてアラートを出す役割を持つべき See が、その問題のせいで骨抜きにされてしまうというのはなんとも皮肉なことである。

◉成功による思考停止が人と組織の成長を止める

See 抜き PlanDo サイクルが起きるのは忙しい時だけではない。誰もが成功を疑わないときにも、See 抜き PlanDo サイクルが生まれてしまう。成功続きによって思考停止が起きるのである。成功に隠れて密かに起きている問題に気づかず、気づいた時には時すでに遅しということにならない

ためには、成功のときこそおごることなく成功要因と危険因子について慎重に検証することが必要である。See抜きPlanDoが起きてしまう理由はSeeが持つ大きなパワーに気づいていないからである。優れた野球選手が凡退を繰り返す中で最後の打席でヒットを打つように、失敗は成功の元となるものである。反対にあれだけ調子がよかった打者が後半になって相手投手からマークされてピッタリと打てなくなるというのも毎年見られる光景である。成功による思考停止が人と組織の成長を止め、成功も失敗も真摯な態度で反省できる人や組織が成長していけるのである。

2　PlanDoから切り離されたSeeの再連結

◉御目付役から学ぶチェッカーの重要性

江戸時代、幕府の職制として御目付役というチェッカー職があった。御目付役は現代における監査役のような存在であり、目付される側にとってはあまり歓迎されるものではなかったと思われるが、御目付役が見ていてくれるからこそ身の潔白を証明できたり、誤りに気づかされたりというメリットもあったと思われる。現代においても監査役や内部監査、ISO監査といったチェッカーが存在する。しかし、江戸時代の御目付役ほどの権威があるとは思えない。PlanやDoが主役でSeeは補助者という風潮はないだろうか。戦略マネジメントにおいて求められるチェッカーは審判ではなくコーチである。Planの誤りやDoの失敗を指摘するのはやさしい。必要なことはDoの結果をみてPlanとDoをどう軌道修正するかである。

◉人のSeeはやりやすいが自分のSeeはやりにくい

江戸時代の御目付役制度は人が別の人を監視するという点においても示唆がある。人の将棋はよくわかると言われるように、自分のことに対するSeeはやりにくく、人のSeeはやりやすい。セルフアセスメントや内部監査においてはどれだけ客観的に自分自身や自分の会社のことを見ることが

できるかにその成否がかかっている。反対に、内部監査においても他人事のように被監査部門のことを悪く言うだけの監査人に信頼は集まらない。苦言を呈するのもその部署、その社員のためを思ってのことであり、ともに成功、成長を分かち合おうという思いを持っているからこそ、人は進んでその人のチェックを受けたがる。チェッカーの仕事にもチェックが必要であり、その出来映えはチェックされた側のその後の成功、成長をみてはじめて評価できる。PlanとDoとSeeはそもそも一体であることを肝に銘じ、決して分断することなく連続させることが最重要なである。

●その場で記録を残すことがDoとSeeを連結させる秘訣

Seeの実施には不可欠となる前提条件がある。後でチェックするために記録を残しておくことである。そもそもその記録自体がいい加減ではチェックのしようがない。しかし、誰にとっても記録するという行為ほど面倒なことはない。ISOマネジメントシステムにおいても記録の重要性が強調されているが、それでもしかたなしに記録を付けているというのが実情ではないだろうか。仕事が忙しくなってくれば記録を後回しにするという事態も起きてくる。営業日報や業務日報などは後からまとめて作成するということもあるかもしれない。

情報システム上の受注データや入出荷データにしても本当に業務時点で登録されたのかという疑問を持つべきである。受注日時や製造年月日、入出荷日時は本当に正しいだろうか。

しかたなく作成された記録は信頼性が低い。上司やトップマネジメントもその記録の信頼性を疑うことになる。これではDoとSeeを連結させることはできない。記録はDoの直後にその場で作成することを組織に徹底しなければならない。信頼できない記録をどれだけ作ろうとも無意味である。これだけならばその場で作成できるという約束を業務担当者とかわす必要があるのである。

意味のある記録を確保するためには、あらかじめPlanとDoにSeeを組み込んでおくことが必要である。まずPlanにSeeを組み込むとはKGI(Key

Goal Indicator、重要目標達成指標）と KPI（Key Performance Indicator、重要業績評価指標）の設計のことである。戦略や計画中に目標や CSF（Critical Success Factor、主要成功要因）を盛り込んだとしてもそれだけでは不完全である。KGI や KPI をそこに組み込むことによって、Plan は測定および検証可能な Plan として完成する。Do に See を組み込むとは、業務ルールに処理手順を盛り込むだけでなく、作成すべき記録の種類と作成方法も入れることを指す。やることだけしか考えない業務ルールはその出来映えを評価できない。結果を評価できない仕事に改善のサイクルは決してまわらないのである。

● IoT への期待

IoT（Internet of Things、モノのインターネット）が注目されている。小型マイコンや無線 IC タグをあちこちに置いて、センサーからさまざまなデータを収集することによって、今まででは実現できなかったリアルタイム監視やビッグデータによる傾向分析が可能となる。たとえば倉庫であれば担当者がいちいち入出庫登録しなくても、棚や箱に設置された無線 IC タグが商品の入りと出を察知し、サーバに入出庫データを送信してくれる。移動可能なパレットやケースに無線 IC タグを付けておけば、工場内での工程データも自動で収集できる。ネットショップならば受注データ

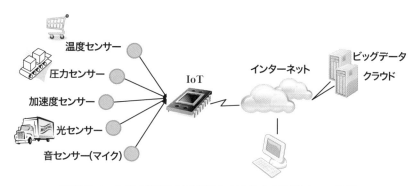

図表 6-1　IoT で加速する記録の自動化と知見増大への期待

を自動収集し、Google Analytics を使ってリアルタイムにデータ分析するといったことができるが、実店舗では注文情報の入力やデータ更新といった作業が必要となるため、リアルタイムでのデータ分析を実現することは難しかった。今ならば、メニューや伝票データ上のバーコードをスキャンして Measurement Protocol というグーグルが用意したデータ収集手順を使うことによって、Google Analytics に取り込んでリアルタイム分析するということも可能である。今までならば誰かがしかたなしにさせられていたデータ登録作業は、IoT の普及によって近いうちに様変わりするかもしれない。

3　上位へのフィードバックに必要となるバリデーションの考え方

● PlanDoSee のフィードバックは伝言ゲームで行わない

　部下から上司へ、そしてそのまた上司へと報告は、下へ下へと連載する計画とは反対に、上へ上へと連鎖していく。上から下りてきた伝言ゲームが一番下まで降りていくと、今度は下から上へと登り始めるのである。報告される内容は少しづつ都合のよいように手が加えられ、鮮度も落ちていく。ワークフローなどのグループウェアを導入している場合でも本質的にあまり変わりなく、上からと下からの伝言ゲームが電子化されているだけのことが多い。Plan の内容がマネジメントの各層ごとに違うように、本来、See の内容も違うはずである。にもかかわらず、同じ報告内容が伝言ゲームのように転送されていくのはおかしなことである。同じ結果に対する See であっても、対応する Plan の内容に合わせて報告内容を変えるべきである。直接の Plan に対しては期待結果と合致したとしても、その上位の Plan が求めるものとなっているとは限らないのである。

●目的を見失った記録作業になっていないか

　何のために必要なのかわからないけれども、言われるまま記録をとって

いるということはないだろうか。書庫に長い間眠っている伝票やサーバに放置されているログはないだろうか。取るだけの記録、保管するだけの記録に意味はない。目的なしで記録するほどばかげたことはない。元々あった記録の目的がいつの間にか忘れ去られてしまって、記録を取る作業だけが残ってしまったということはないだろうか。Plan から分離する See は存在しないことを考えれば、一度も利用されていない記録についてはその必要性について一度疑ってみるべきである。

●バリデーションなくして仕事の向上は期待できない

記録は See そのもののはずなのだが、実際には記録作業という Do になってしまい、本来の意義である See のために利用されていないことが少なくない。See は仕事をよくするためにあるのであり、記録の内容を振り返らない職場に改善はない。Plan どおりの Do ができていたならば自信を持ってさらに大きな結果を求めて邁進すればよく、Plan どおりの Do ができていなければすみやかに軌道修正すれば大きな問題を起こさずに済む。しかし、See が持つ最も大きな意義は、場合によっては Plan 自体に対しても軌道修正の必要性を示唆する点にある。Plan どおりに Do したにもかかわらず、上位の Plan が求める成果が得られない場合、途中の Plan の展開に問題があるのかもしれない。最上位の経営戦略という Plan に対して、現場の成果が適合していなければ、経営戦略を含むすべての Plan について妥当性検証（バリデーション）する必要がある。仕事の結果に対して本当にこれでよいのかという視点をいつでも持っていないと、目先の仕事ばかり置き換えているうちにいつの間にかトップの思いと大きくかけ離れてしまうということに成りかねない。戦略マネジメントにおけるバリデーションの意義はプラニングと同じくらいに大きいことを肝に銘じておくべきである。

●戦略ストーリーからみたバリデーションはできているか

バリデーションの必要性があるのは戦略も同じである。むしろ、間違っ

ている場合の影響が最も大きいにもかかわらず、戦略に対するバリデーションの重要性が認識されていないのは極めて危険なことである。トップ自身が戦略ストーリーを描くことは賞賛されることだが、その出来映えに自己陶酔してしまっては元も子もない。会社の命運を左右する経営戦略のバリデーションに真摯に取り組む必要がある。誤りは正して、場合によってはせっかく考えた戦略ストーリーも廃棄すべき時もあるかもしれない。優れた戦略ストーリーは最初から見つかるとは限らない。修正や廃棄を繰り返す中でようやく黄金ルールにたどり着くことが多い。大胆な仮説と真摯な検証という組み合わせこそ戦略マネジメントの鉄則なのである。

4　経営報告を儀式にさせないためのマネジメントレビュー

●儀式化する ISO マネジメントシステム

　ISO9000 品質マネジメントシステムや 14000 環境マネジメントシステムの認証を取得している企業は多い。個人情報保護を目的とするプライバシーマークも ISO マネジメントシステムをベースとしている。しかし、認証取得の多くの企業が「形骸化している」「儀式的になっている」「マンネリ化している」といった懸念を訴えている。中には実経営上のマネジメントと ISO マネジメントを二重に運用している企業もあり、無駄な文書づくりや記録作成に追われているというナンセンスな状況を引き起こしている。本来、ISO マネジメントシステムは品質であれ環境であれ、自社のマネジメントスタイルに合わせて運用すればよいものであり、マニュアルにしても記録にしても今あるものをベースに改良すればよいはずである。そうならない理由は、短期での認証取得を目的にして、ISO コンサルタントの言うとおりにサンプル文書をほぼそのまま運用するという無謀なことをするからである。

　会社の経営や業務をやりにくくしてまで、はたして認証取得する必要があるのかはなはだ疑問だが、ISO マネジメントシステム自体が悪いわけで

は決してない。むしろ、トップを中心とするマネジメントシステムを構築するうえで参考とすべき知恵がそこにつまっており、それを利用しない手はない。問題は自社のマネジメントシステムを設計するうえで、外部のコンサルタントに丸投げしたり、サンプル文書をそのままコピーすることにある。ISOマネジメントシステムの規格にはマニュアルや文書例は一切載っていない。そこにあるのは要求事項だけであり、要求事項を照らし合わせながら自社の文書や記録書式を改良していけばよいのである。結局、時間がかかろうとも真面目にISOマネジメントに取り組む企業だけがISOマネジメントのメリットを享受することになる。本来の経営や業務に支障を来すようなISOマネジメントならばさっさとやめるべきである。

●事なかれ主義が経営者をだめにする

本来、マネジメントシステムはもっとダイナミックなものである。事前に用意したマニュアルどおりに事が進んでいくとは限らない。むしろ想定外のことばかり起きるのが現実の世界であり、緊急を要する場面で承認や文書改訂などと言っている暇はない。実はISOマネジメントもそのような無理難題を要求しておらず、融通が利かないしくみを作り出しているのは運用組織の都合にすぎない。その一つがマネジメントレビューであり、定期的にISOマネジメントシステムの運用結果がトップに報告される。しかし、その内容は儀式化されていることが多く、都合の悪いことは報告されない事なかれ主義が蔓延している。そのような事なかれ主義の中で安心に浸っている経営者に経営者の資格はない。社員が皆必死で働いていれば、さまざまな事件が起きるのは当然のことである。現場で起きた事件を終わってから報告を受けるような臨場感のない経営者は何の役に立っているのだろうか。耳心地のよい報告など経営には何の役にも立たない。現場が判断に迷うようなピンチとチャンスが交錯する情報こそ経営者に報告し、指揮を仰ぐべきなのである。

●時と場所を選ばないアラートの必要性

Seeは定期的に行われるものとは限らない。場合によっては緊急に行われるべきときもある。今まさに事件事故が起きた、あるいは起きつつあるといったネガティブな事象だけでなく、新商品の注文が入ったといったポジティブな事象も社内ニュースとなり得るだろう。

BAM（Business Activity Monitoring、ビジネス・アクティビティ・モニタリング）に対応した情報システムが導入されていれば、事前に設定しておいたKPIやKGIの値になったときにアラートメールを送るといったしくみを実現することができる。危険な取引や不正と思われる事象が起きたときに関係者にアラートメールを送るということも考えられる。計画した後は月例報告を待つだけというのではあまりにものんきすぎる。すでに終わってしまった事象について報告を受けたところでできることはいくらもない。しかし、今起きていることを時と場所を選ばずにリアルタイムで知ることができるアラート機能を持つ組織は少ない。競合先よりも早くチャンスを知り、リスクは大きくなる前に消火する。スピードがますます重要となる現代においてはアラート機能こそ、Seeの主役といっても過言ではないかもしれない。

●必須化するトップ向けダッシュボード

トップが必要とする情報はアラートだけではない。商品開発や人材育成といった中長期的な計画に対する進捗も知りたければ、新規客開拓や受注成約といった日々の営業状況、競合先も含めた市場動向といったさまざまな情報も知りたいはずである。こうしたニーズは従来からあったが現実味を持ってきたのは最近のことである。従来の情報システムのトップ画面はメニューであり、欲しい情報を見るためにはいくつものメニューを渡り歩く必要があった。これに対してダッシュボードとは、その名のとおり自動車のスピードメーターやタコメーターのように、トップが必要とする情報のメーターがわかりやすく並んだものである。

Web解析で有名なグーグルのGoogle Analyticsが提供する画面はまさ

第6章　フィードバックありきの戦略マネジメント

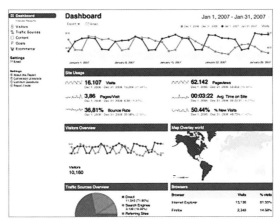

図表6-2　Google Analytics のダッシュボード画面

にダッシュボードというべきものであり、さまざまな情報のサマリーがその画面だけで確認することができる。Measurement Protocol というツールを使えば、POS レジなど Web サイト以外からも情報収集することができる。収集した情報をリアルタイムに集計、ビジュアライズしてくれる Google Analytics が企業の情報システム用のダッシュボードとして利用されたとしても驚くことではないだろう。

5　戦略マネジメントに不可欠となる管理会計の確立

●事後評価のためにある会計利益では経営できない

See において利用される記録といえば会計情報がまず先に思い浮かぶ。しかし、戦略マネジメントにおいて会計情報を利用するには不適である。会計情報は会計監査や税務申告といった外部の利害関係者に対する情報としては優れているが、社内においてマネジメント情報として利用する際は注意が必要である。会計情報には以下のような、①期間損益によるビジネスライフサイクルの分断、②処分されるまで資産扱いの商品在庫、③商品

原価と販管費の分離、④資産化されない人件費、⑤表に出てこない貢献活動という五つの問題がある。

①**期間損益によるビジネスライフサイクルの分断**
　研究開発費の対象となる新商品やサービスの開発だけでなく、業務改革や人材育成など複数年にわたって取り組みが続く企業活動は少なくない。短期で終わるプロジェクトにしても期首期末にちょうど当てはまるケースの方が珍しい。

②**処分されるまで資産扱いの商品在庫**
　売れ残った商品在庫は資産計上されるが、翌期以降に売れるとは限らない。最終的に長期滞留した商品在庫は廃棄され、営業外費用として突然会計情報に現れることとなる。

③**商品原価と販管費の分離**
　粗利益は売上－商品原価で計算されるが、同じ商品でも顧客ごとのカスタム品があったり、営業対応が必要になるなど顧客ごとの販管費がどれだけかかったのかが重要になっている。しかし、会計情報では営業費用を会社全体にかかったコストとして取り扱う。

④**資産化されない人件費**
　付加価値を生み出す最重要な社員が資産としてみなされない。会計情報では、社員は人件費というコスト扱いであり、人減らしすれば利益性がよくなり、優秀な人材が退職しても企業全体の資産価値には影響を与えない。

⑤**表に出てこない貢献活動**
　献身的な営業努力によって勝ち取った顧客信頼資産としてみえてこない。今期の売上や利益は、前期に献身的な種まきや水まき活動した営業担当者によるものだとしても、表彰されるのは、今期に刈り取り的な活動をしただけの営業担当者になるという理不尽なことが起きてしまう。

戦略マネジメントではSeeはPlanの有効性、妥当性を検証できるもの

第6章　フィードバックありきの戦略マネジメント

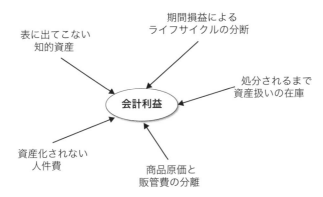

図表6-3　マネジメント情報としての会計情報の五つの問題

でなければならない。経営戦略においては人材や知的資産が重要な役割を果たしているのは言うまでもなく、売れ残った商品在庫はタイムリーにロスとして把握する必要がある。研究開発や営業活動では、仕入や製造活動よりもその投資意義が問われる。戦略マネジメント上のSeeとしての管理会計では、こうした会計情報の修正が必要となるのである。

●経営者に必要な投資マネジメントの概念

「売上－費用」という数式による利益計算はあくでも事後的に成立するものであり、ビジネスをこの数式によって組み立てようとするのは大きな間違いである。たとえ活発な販促や営業活動によって一次的に売上があがったとしても、顧客が離れていけばそれまでであり、徹底的な経費削減によって一次的に費用が下がったとしても、不良品やサービス低下が起きればそれまでである。結局、利益とは、かかったお金以上の価値を顧客が認めて支払ってくれるから生まれるものなのであり、いかに顧客価値を生み出して、いかにそれを買ってくれる顧客を見つけるかどうかにかかっている。投資した資金以上のリターンが顧客から返ってることが利益なのである。社内で発生する費用はすべて将来のリターンのための投資であり、商品在庫もまた売れるまでは未実現の投資物件にすぎない。すべての費用

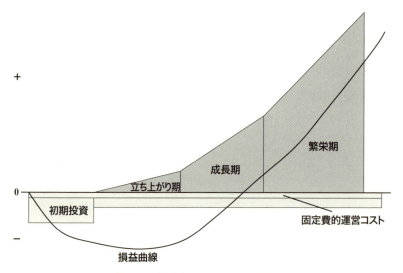

図表6-4　投資視点で考える損益モデル

と売上を投資という視点にたって、何がリターンを得て何が得られなかったかを常にチェックし、売れる商品、期待できる顧客へとポートフォリオを組み替えなければならない。経営者に必要な管理会計は投資マネジメントとしてのそれなのである。

　上図は、企業活動を投資視点でとらえた場合の損益モデルである。投資視点で考える損益モデルはベンチャー企業だけに有用なわけではなく、新商品やサービスの発売や設備投資、業務改革などのプロジェクト活動などあらゆる企業活動に適用可能なものである。

●損益結果を貢献利益という因果関係に分解できているか

　会計情報が経営に役立つ情報となる鍵はやはり PlanDoSee にある。ビジネス活動の結果が損益として現れるのであれば、粗利益や営業利益といった利益概念で業績評価することはやはりおかしなことである。どこの会社でもどの商品をどの顧客にどこの営業所、営業担当者が売るのかを計画している。原価にしても販管費にしてもグロスで計画するはずはなく、

商品ごとに調達や製造を計画し、エリアやターゲット顧客ごとに営業予算を組んでいる。

だとすれば、Seeとしての会計情報が提供すべき損益結果は、商品別であり顧客別でなければならないのは当然のことである。販管費を例にあげれば、特定の商品や顧客に向けて行われた活動費は商品原価や顧客原価として集められるべきである。貢献利益はまさにSeeとしての会計情報と呼べるものである。貢献利益とは、商品別や顧客別といった活動単位の売上高から対応する商品原価や販管費を差し引いて算出する利益であり、どの商品が儲かったのか儲からなかったのか、どの顧客が利益をもたらしたのかそうでなかったのかについて教えてくれるものである。損益結果を貢献利益という因果関係に分解して考えることができてはじめて、経営者は戦略の見直しを図ることができるのである。

● KPIで組み立てる管理会計

貢献利益だけではまだSeeとしての会計情報と呼ぶにはまだ早い。なぜある商品が儲かったのか、なぜある顧客から利益がもたらされたのかという原因を知ることができないからである。貢献利益をもたらした原因を知るためには、ここでもう一度、CSFとKPIに立ち戻る必要がある。宣伝広告や提案書といったプロモーション活動がうまくいったから商品が売れたのかもしれないし、下請け先企業の努力によって製造方法が改善したから商品利益が出たのかもしれない。顧客利益が増えたのは、一個人の営業担当者の誠実な人格が客先責任者から評価されたのかもしれない。こうした要因がCSFとして認識され、KPIとして測定されてはじめて、結果としての貢献利益がなぜもたらされたのかについて知ることができる。変えるべきことは変え、変えてはいけないことは変えないという戦略判断を支えるのはKPIであり、それを集めたダッシュボードなのである。

第Ⅲ部

戦略マネジメントの全体像

第7章

スタンダードがあるようで
存在しない戦略策定の形
（①戦略策定プロセス）

1　ミッション、ビジョン、バリューのステートメント再確認

◉原点がしっかりしているからこそダイナミズムが生まれる

　これから先、組織がどこに向かうとしても、原点がどこなのかを知らずに動き回るのは危険である。前に行こうが後ろに下がろうが右や左に舵をきろうが、原点がわかっていればそれがどれほど極端なものなのかを知ることができる。ほんの少し後退するだけでも慌てふためき、崖から落ちそうなほど端に寄っても気づかないのではこの先一歩も進むことができない。経営には今自分達がどこにいるのか、出発点からどこまで離れたのかを知るためのレーダーが必要である。出発点がどこだったのかを決して忘れてはいけない。

　出発点の位置は創業精神や経営理念などによって、出発点からの軌跡は社歴や実績などの形でみることができる。自分達がどこからやってきて今どこにいるのかを知ることができるからこそ、この先どこに向かって今何をすべきかを判断することができるのである。たとえこの先、嵐が来ようとも備えがしっかりしていれば慌てる必要はない。自分達が何者であり何をしてきたのかを知っていれば、何を恐れて何を恐れる必要がないのかを当然に知ることができる。自分がライオンであることを知らずに獲物を恐れるのは滑稽であり、鳥であることを知らずに落ちることを恐れるのはナンセンスである。反対に、自分が魚ではないことを知らないイルカは溺れ、自分がは虫類であることを知らないワニは地上で干上がってしまうだ

ろう。企業にとっても事情はさほど変わらない。海外に製造拠点を持つ同じファブレスメーカーであるＡ社とＢ社も、元から製造業だったＡ社と、元は商社だったＢ社では強みも弱みもまったく違う。円高で海外製造のうまみが消えてしまった時にＡ社とＢ社とで取るべき戦略も違うものとなるはずである。

●ミッション／不合理に見えるミッションこそ経営戦略の礎

　売上と利益しか目先にない会社はどこに向かうのだろうか。もし何のしがらみも価値観も持ち合わせていないのであれば、何をやってもいいはずである。極端な場合、人を騙そうとも悪いことに手を染めようとも気にすることはない。そうならないのはどの会社にも経営者にも何らかの思いがそこにあるからである。「世の中の役に立つべし」というありふれた経営理念はりっぱであっても、売上と利益の獲得だけを考えれば決して合理的とはいえない。どれほどの儲け話があろうとも耳を傾けずに儲けの少ない本業に専念する経営者がいる。機械を入れれば生産量が増えるはずなのに手作りにこだわる職人がいる。これを時代遅れとか頑固者として単純に切

ステートメント ― Statement

服を変え、常識を変え、世界を変えていく

ファーストリテイリンググループのミッション ― Mission

ファーストリテイリンググループは―
- 本当に良い服、今までにない新しい価値を持つ服を創造し、世界中のあらゆる人々に、良い服を着る喜び、幸せ、満足を提供します
- 独自の企業活動を通じて人々の暮らしの充実に貢献し、社会との調和ある発展を目指します

図表7-1　ファーストリテイリングのミッション例

第7章　スタンダードがあるようで存在しない戦略策定の形（①戦略策定プロセス）

り捨てることができるだろうか。注文を受けてから作り始める、価格で勝てなくても材料やサービスにこだわるモスバーガーの経営戦略は間違いだろうか。不合理に見えるかもしれない使命感が貫かれているからこそ、そこにかけがえのない価値が生まれるのである。

●ビジョン／売上、利益の先にあるやりたいことは何か

　原点としてのミッション、使命感としてのミッションがあってもまだ会社は動き出さない。会社が動き出すためには、これからどこに向かっていくのかを指し示すためのビジョンが必要である。ビジョンはミッションの具体化である。使命感を具体的にどう果たすのかを示した青写真である。必ずしも拡大志向である必要はなくむやみに風呂敷を広げる必要もない。ときには「今居るこの地にとどまる」というビジョンがあってもおかしいことではない。やりたいことは何なのかを考えたときに今の事業にしばらく専念したいという答えが出てきてもよいのである。そこで必要になるの

図表7-2　ソフトバンクのビジョン例

は社員やパートナーが納得するための「目的」である。今の事業に専念するのはなぜなのか、あるいは新事業に打って出るのはなぜなのか、売上や利益の維持、増大だけでは人は響かない。その先に待っている経営の姿を指し示す必要がある。それは顧客の笑顔かもしれないし社員の幸せかもしれない。会社の知名度向上やその反対に人しれないプロフェッショナルをめざすものかもしれない。

どんな内容であっても組織に働くすべての人を鼓舞し、同じ目的地に向かって進んでいくために指し示すものがビジョンなのである。

●バリュー／VRIO、VRINによる自社バリューの再確認

ミッションとビジョンは自分達自身の思いである。その思いに対して人が価値を見いださなければ何の意味もない。バリューは自分達の価値を客観的に知るためのものである。なぜ自社の商品やサービスを顧客は購入してくれるのか、なぜ得意先は自社との取引を続けてくれるのかという本質的な理由まで理解しておかなかったばかりに、商品ラインアップの変更や営業スタイルの変更が既存客に受け入れられずに失敗した企業が少なくない。

組織が持つバリューを明確にするためには評価基準が必要となる。VRIO、VRINはバリュー分析において利用されるフレームワークであり、組織のバリューを「経済価値（Value）」「希少性（Rarity）」「模倣困難性（Inimitability）」「組織（Organization）」または「代用不可能性（Non-Substitutability）」の視点から評価する。「手作りハンバーガー」が「経済価値（Value）」の場合、機械生産が進む中で手作りする会社が少なくなっていれば「希少性（Rarity）」が高いだろうし、秘伝の定評の味付けは「模倣困難性（Inimitability）」の高いノウハウかもしれない。さらに、いつでも同じ品質のハンバーガーを同じくらいの待ち時間で調理できる人材――「組織（Organization）」はそう簡単に育成できないだろう。良質の肉や新鮮な野菜の調達先は「代用不可能性（Non-Substitutability）」が低いビジネスパートナーであるかもしれない。こうした考察を通じて、この会社のバ

第7章 スタンダードがあるようで存在しない戦略策定の形（①戦略策定プロセス）

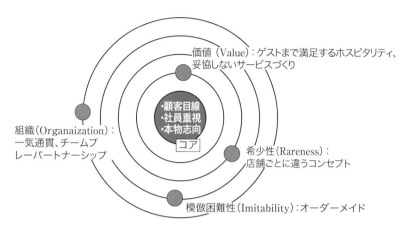

図表7-3 VRIN、VRIOによるバリュー分析例

バリューステートメントは恐らく次のようなものになるだろう。

「伝統の技を継承し（R・I）、その使い手である従業員（O）を大切にし、かけがえのないよき理解者であるビジネスパートナー（N）とともに、最高の手作りハンバーガー（V）を作り続ける」

2 3C、5Forceによる経営環境の見える化

●経営戦略の始まりは経営地図づくりから

原点が決まり進むべき方向性も明らかになった今、次に必要となるのは地図づくりである。進むべき方向性が決まってもきれいに舗装された道路がそこにあるわけではない。山あり谷あり障害物ありの中をすり抜けていくためには信頼できる地図が不可欠なのである。

地図といっても戦略マネジメントに必要となる地図は経営環境を見える化するものである。3Cや5Forceはまさに経営環境を見える化するツールであり、経営戦略の見通しをよくするという意味においてまさに地図と呼べるものである。3Cはもっともシンプルな地図であり、自社と顧客と

第Ⅲ部 戦略マネジメントの全体像

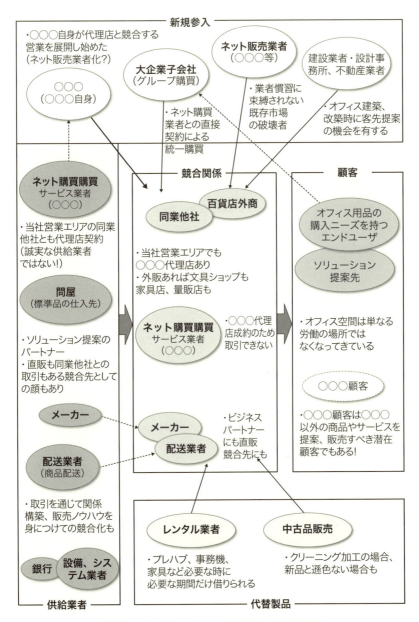

図表 7-4　5Force による経営地図の作成例

競合先の関係を図式する。5Force はもう少し視野を広げたものであり、自社のまわりに存在する「供給企業」「買い手（顧客）」「競争企業」「新規参入業者」、「代替品」の五つのパワーを図式化する。競合先との間の競争関係しか見ていなかった企業が、異業種からの突然の新規参入や、予期せぬ代替品によって没落してしまうことは誰もが知っている。家電メーカーによる保険業界への参入、音楽 CD によるレコード産業の衰退など例を挙げることに困ることはない。この先、アップル社の Apple Watch やグーグル社の Google Glass が既存の腕時計や眼鏡業界にどのような影響を与えるのだろうか。

●意外に見渡せていない自社動向

3C や 5Force でなければならないわけではないが、自社を取り巻く経営環境を見える化できている企業はどれくらいあるのだろうか。過去に経営コンサルタントが入ってきた時に作成してもらったものを更新もせずにそのまま使っているというのも危なすぎる。古い地図を持って安心していることほど愚かなことはない。競合先の動きも新商品が発売されてからでは遅すぎる。外注先が廃業を決めてからでは発注先を探す猶予はない。顧客の一部で広がりつつある代替品へのシフトを見逃しては手遅れになる。商品を仕入れて顧客に売ることしか頭にない経営者や営業担当者は、自社と顧客しかいない 2C の経営環境を想定している。外注先はいつでも自分達の言うことを聞き、競合先は今まで通りの商品しか打ち出してこない、顧客は価格と納期のことしか頭にない、という思い込みの世界観である。

しかし、現実の世界はもっとダイナミックなものであり、斬新な新商品やサービス、突然の新規参入や代替品の登場などドラマが展開されているのである。

●近視眼では見えてこない顧客の姿

顧客の姿を見えている部分だけをもって知っていると考えることは大変危険である。

受付と応接室、購買担当者と倉庫係、経理スタッフしか知らない営業担当者は顧客の何を知っているというのだろうか。本当の顧客の姿は受付と応接室にはない。課長、部長が座っている奥のオフィスにこそ顧客の姿がある。電話が鳴り響き、慌ただしく荷物を出し入れしている物流現場にこそ顧客の姿がある。同窓会で知人と酒を飲む社長や役員の姿こそ顧客の真実である。目の前の購買担当者とだけ話をしていても顧客の姿は見えてこない。

商品を売ることだけ、商品を納品することだけ、代金を回収することだけしか頭にない営業担当者はいつまでたっても顧客の本音を知ることはできない。営業担当者は情報収集のために顧客をまわらなければならない。経営や営業幹部は情報収集のための営業活動の重要性に気づかなければならない。見積や受注、納品のついでに情報収集させようとするのは甘すぎる。顧客ニーズを知るためには顧客の困りごとを聞くことに集中する必要がある。目先の売上を棚に置いておいて課長や部長、社長と雑談をする機会をつくらなければいつまでたっても顧客の姿は見えてこない。

●競争相手には新規参入も代替品もある

競争相手を直接の競合先だけしか考えていないのではあまりにも不用心である。競合先にしても台帳管理までして動向チェックしている企業は少ない。新規参入も代替品ともなるとまるで思いもよらないというのは、経営環境を自社側の視点からしか見ることができないことが原因である。顧客側の視点にたてば、自社だけでなく競合先も新規参入も代替品も見えてくる。地図も同じである。日本を中心とする世界地図と米国を中心とするそれとでは世界観がまるで違う。同じように顧客を中心とする5Forceや競合先を中心とする5Forceでは見えてくることが違ってくる。顧客を中心とする5Forceでは自社は「供給企業」として競合先と並んで登場することになる。顧客にとって最大の関心事は「供給企業」ではなく、彼らもまた「買い手（顧客）」なのである。そのことに気づいて顧客の顧客を共有し、後方支援することができればビジネスパートナーの地位を得られる

第7章　スタンダードがあるようで存在しない戦略策定の形（①戦略策定プロセス）

かもしれない。2Sの世界観の中で自社商品を売ることばかり考えている営業担当者には到底到達できない境地だろう。

●供給者の脱落、離反が戦況を悪化させる

外注先などの供給者に対しても注意が必要である。突然、高齢のため廃業しますと言われて慌てて外注先を探す経験をした製造業はいくつもあるはずである。良質の材料や部品調達先が競合先に寝返って、価格でも品質でも苦戦を強いられた製造業もあるだろう。景気の影響を受けやすいIT業界では景気が悪くなると下請け切りを行い、景気がよくなれば下請を集めるだけ集めようとする。しかし、必要となったときには優良な下請会社はすでに倒産しているか、苦しいときにでも仕事をくれた競合先に取り込まれているといったことが起きている。優れた供給者、代わりのない外注先は経営資産として守っていかなければ、競合先への寝返り、不利な取引交渉といったネガティブな状況を招いてしまうかもしれない。顧客台帳、競合先台帳、調達先台帳の三つは3C、5Forceによる経営環境の見える化を最新維持していくために必要不可欠な情報管理であるといえるだろう。

3　SWOT分析から戦略ストーリー引き出しまで

●何もないところから戦略ストーリーは出てこない

何のためにするのかわかっていないのに必要だからということでSWOT分析しているところが少なくない。SWOT分析は意義があるからこそやるべきものだが、その意義を理解することなく実施してもあまり効果は期待できない。あくまでもSWOT分析は戦略ストーリーを引き出すために行うワークであり、りっぱなSWOT分析資料を作成したところでそれ自体が成果物になるようなものではない。反対に、何もないところから戦略ストーリーを考え出すことも無理なことである。SWOT分析なしで戦略ストーリーができたとしても、それは頭の中に強みや機会が浮かん

図表7-5 SWOT分析の作成例

	プラス要因	マイナス要因
内部環境	〈Strength（活用すべき強み）〉 ・有効成分の含有量が多い ・原料にこだわり（国産、天産由来使用、石油系不使用） 　⇒原料の良さや安心感をもっとアピールすべき 　⇒海外輸入に比べて低コストというわけではない（他社より原価高に） ・品質安全管理の取り組みが他社を圧倒 　⇒トップが改善取り組みに積極的 　⇒コストと労力がかかっていることを考えれば、もっとアピールすべき ・製造工法に独自技術あり（特許あり） 　⇒もっとアピールすべき ・創業以来の老舗としての信頼感 　⇒他社比較などもっとアピールすべき ・顧客本位の顧客対応、営業担当者の接客能力が高い 　⇒顧客との直接対話による販促を強化すべき ・宣伝広告も社内調達できる 　⇒先回りの販促がもっとできるはず ・営業協力してくれる優良顧客がいる 　⇒体験談によるプロモーションをもっと強化すべき **S**	〈Weakness（対策すべき弱み）〉 ・他社に対して宣伝広告コストが高い 　⇒他社に対する品質や安全上の弱みは？ ・製造上の品管手間大、コスト高 　⇒逆にそれだけ手間をかけてることをアピールできないか？ ・高コスト原料 　⇒逆にそれだけこだわっていることをアピールできないか？ ・ブランド力が弱い 　（○○といえば……） 　⇒市場参入障壁が弱い（圧倒的な企業ブランドなし） ・営業知識やスキルにバラツキがある 　⇒個人の能力を最大限生かすチーム営業をめざすべき 　⇒顧客が誰か、顧客価値を生む業務は何かなど業務基準を明確することが必要 **W**
外部環境	〈Opportunity（認知すべき機会）〉 ・形状の違う商品の市場可能性 　⇒用途に合わせた新商品の開発可能性 ・顧客との接点がある……既存客への提案機会 　⇒顧客の類型化とモデル顧客の選定による提案営業のパターン化が必要 **O**	〈Threat（認知すべき脅威）〉 ・競合先による低価格攻勢が強まってきている 　⇒大手土俵で戦う必要なし、きめ細かい顧客対応で勝負 ・顧客が競合先の不適切な宣伝広告におどらされる 　⇒不適切な広告宣伝に対する注意勧告で当社の優良性をアピール ・手間がかかる顧客ばかり増えていくかもしれない 　⇒効率的な対応ノウハウが確立できれば他社が真似できない主力商売に！ **T**

でいるからである。しかし、きちんとSWOT分析していないために注意すべき弱みや脅威との関係を軽んじてしまう危険がある。

●使われない強み、認識されない強みに意味はない

SWOT分析のうち最も重要な要素は「強み（Strengths）」である。それは最も単純でかつ最優先で実施すべき戦略ストーリーは生かされていない強みを使うというものだからである。

最も単純とはいえ、トップが自社の強みをしっかりと把握できているかというと実際はそれほど簡単な話ではない。現場が認識している強みがトップまで伝わっていないこともあれば、昔持っていた強みが陳腐化してしまい、今では使い物にならないということもある。その強みが圧倒的なものなのか、その強みには大きな価値があるのかという点も重要な分析事項である。SWOT分析におけるその他の要素である「弱み（Weaknesses）」「機会（Opportunities）」「脅威（Threats）」の三つは強みとの比較の中で分析されなければならない。

関連する弱みや脅威が一切ない強みは圧倒的に強く、関連する機会が大きい強みは大きな価値を持っている。実際には強みに関連する弱みや脅威が存在し、機会も縮小しているという状況が考えられるかもしれない。たとえば、営業力が強くても調達力が弱かったり、商品力では勝っているのに価格で負ける競合先があるといった状況がそれである。

理想的な仮説だが、営業力が強くて商品力もあるにもかかわらず、ネットビジネスや海外展開といった機会を活用できていないのであれば、「生かされていない強みを使う」という戦略ストーリーが出てくることになるだろう。

●やみくもな弱みの強化は自社の個性や強みを失いかねない

よく目にするSWOT分析では弱みばかりが大量に列記され、強みは少しだけというものを見かけることがあるが、これでは本末転倒である。弱みは強みとの比較で考えなければ無限に出てくることとなる。他社と比べ

て劣っていようがそれが自社の強みの足をひっぱり、脅威に結びついて会社を危険に陥れるといった心配がなければ、それは単なる個性であり改善しても無益である。むしろ、やみくもな弱みの強化は自社の個性や強みを失いかねないのである。

◉**強みと関連付けて洗い出す弱み、機会、脅威**

弱みや機会、脅威は強みと関連付けて洗い出すことが必要である。強みに関係しない弱みばかり列記するのでは自信をなくすだけである。強みに関係しない機会は使い道がない。

強みに関係しない脅威は要らぬ心配である。弱みを強化すれば活用できる機会は、強みを生かせる機会が存在しない場合に注目すべきオプションであり、新たに強みを創り出そうという BPR（Business Process Re-engineering、ビジネスプロセス・リエンジニアリング）の戦略ストーリーだといえるものである。弱みに関連する脅威も、それに対策することによって今ある強みや弱みを強化した後の強みに対する障害となるものを問題としなければならない。

図表 7-6　強みと関連付けて洗い出す弱み、機会、脅威

	強み	弱み	
機会	強みを生かして機会を取り込むための打ち手	弱みで機会を取りこぼさないための打ち手	
脅威	強みを生かすうえで障害となる脅威に対応するための打ち手	弱みで脅威が現実にならないようにするための打ち手	強みにも機会にも影響しない脅威は単なる環境
		強みにも機会にも影響しない弱みは単なる個性	

116

第7章　スタンダードがあるようで存在しない戦略策定の形（①戦略策定プロセス）

● PEST による外部環境分析

　機会と脅威について少し補足しておくべきことがある。機会と脅威を自社まわりだけで考えていると、大きな社会変化を見落としてしまう危険がある。たとえば、高齢社会化による市場規模の増減や、法規制の強化と緩和による市場構造の変化、テクノロジーの高度化による商取引やライフスタイルの変化といったことがそれである。こうした自社を取り巻くマクロな環境変化を分析するための枠組みが PEST と呼ばれるものである。PEST とは、政治（Politics）、経済（Economics）、社会（Society）、技術（Technology）という四つのマクロ視点の頭文字をとったものである。PEST 視点を意識することによって、SWOT 分析における機会および脅威の見晴らしがよくなるだろう。政治（Politics）では法律改正や政権交代などであり、企業活動に対して一方的に影響を与える政治的変化が対象となる。経済（Economics）では景気動向やインフレ・デフレ、経済成長や個人消費の動向、株価や金利、為替相場の推移といった経済動向が対象となる。社会（Society）では文化の変遷や人口動態、教育、犯罪、世間の関心といった社会環境や消費者のライフスタイルの変化などが対象となる。最後に技術（Technology）では新技術への投資や技術革新が対象となる。

図表 7-7　PEST による外部環境分析

◉機会や脅威に結びつく強み弱みから戦略ストーリー候補をあぶり出す

SWOT分析の結果を見渡すと、そこには戦略ストーリーの姿が見え隠れしているはずである。その姿を浮かび上がらせるためには、強みと関連する機会や弱み、脅威を線で結びつけてみればよい。その結果、線で結びついたSWOTのグループだけ戦略ストーリーの候補が存在することになる。SWOT分析の各要素を関連付けるためには、その分析結果が具体性を持っていることが重要である。あいまいで抽象的なSWOT分析はたとえきれいに清書されていたとしても使い物にならない。SWOT分析がうまくできたかどうかは、この関連付けができたかどうかでわかるのである。

◉ SWOT分析から戦略ストーリーへの展開

SWOT分析から出てきた戦略ストーリー候補をしっかりとした因果関係を持つ戦略ストーリーに仕上げるのは経営者や戦略家としての腕の見せどころであり、こういうテンプレートを使えばうまくいくというものではない。実際には、SWOT分析の各要素の間を結びつけるのは容易なことではない。そのために取り組まなければならないこと、そしてそれができなければ想定するSWOT要素間の結びつきは実現できないこと、すなわちCSF（Critical Success Factor、主要成功要因）を思いつく作業こそが戦略ストーリー作成フェーズでの成功ポイントといってよいだろう。その取り組みは至難であり、競合他社には真似しにくいものであればあるほど、戦略ストーリーは競争優位をもたらすものとなる。CSFを探し出すのは簡単なことではない。しかし、その作業を補助してくれるツールはある。それが次項で紹介するバランススコアカードである。

第7章　スタンダードがあるようで存在しない戦略策定の形（①戦略策定プロセス）

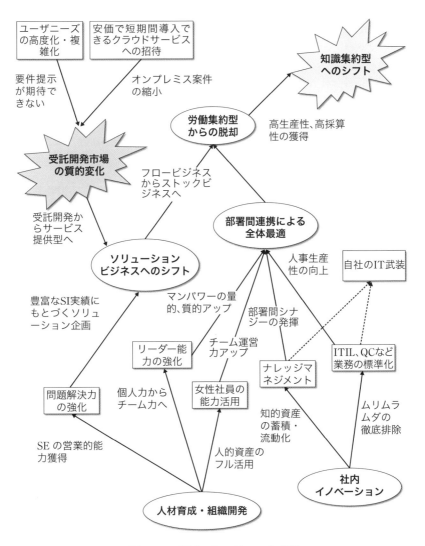

図表 7-8　戦略ストーリーの作成例

第Ⅲ部　戦略マネジメントの全体像

4　戦略ストーリーからバランススコアカード戦略マップへの展開

◉戦略ストーリーを四つの視点で因果展開する

　戦略ストーリーは経営戦略を見える化し、組織がやるべきことをビジョンとして見せてくれるが、そのままではまだ実行部隊に落とし込むまでの具体性を持ってはいない。戦略ストーリーを実行計画の策定へと加速させるものがバランススコアカードの戦略マップである。バランススコアカードの戦略マップによって、財務の視点、顧客の視点、プロセスの視点、学

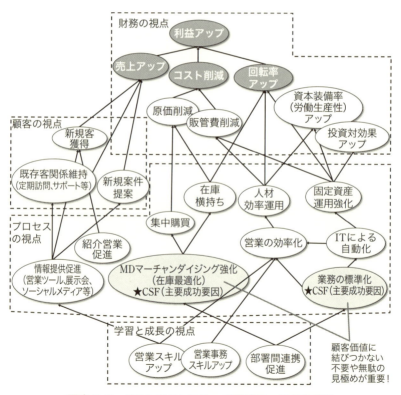

図表7-9　バランススコアカード戦略マップの作成例

第7章　スタンダードがあるようで存在しない戦略策定の形（①戦略策定プロセス）

習と成長の視点という四つの視点によって戦略ストーリーを因果展開することができる。財務の視点は戦略ストーリーに明確な目標感を与え、顧客の視点は戦略ストーリーをマーケティングの観点からブラッシュアップする。プロセスの視点は戦略ストーリーにおいて具体的に業務の何をどのように変えなければならないかを明らかにする。そして学習と成長の視点は社員やビジネスパートナーに変わるべき姿を示し、その変革を促す。

　四つの視点によって、戦略ストーリーはただのお絵書き状態から組織内のすべての関係者を巻き込んだ実行計画へと孵化するのである。

●活動結果に結びつく財務目標までブレイクダウンする

　バランススコアカードの財務の視点で考える財務目標は、売上や利益だけではなく、他の三つの視点にかかわる勘定科目すべてが対象となる。利益を出すには売上をあげることが当然必要となるが、そのためには売る商品が必要であり、商品原価や研究開発費が財務目標となる。さらにその商品を売るために必要となる宣伝広告費や人件費も財務目標であり、ひとくくりの販管費としてアバウトに管理することは不適切である。売上もまた、商品別や顧客別といったセグメント分けされて必要となる原価や費用が関連付けされなければならない。もう一つ、財務の視点における財務目標には大きな特徴がある。それは会計帳簿のように単年度にこだわる必要がないという点である。特に研究開発費や教育費などの効果は1年のうちにおさまることの方が珍しい。商品などの棚卸資産や設備などの固定資産の保有もまた、それ自体が最終の財務目標となるのではなく、売上や利益という最終の財務目標に到達するための中間地点にすぎず、長期的に滞留することは許されない。

　バランススコアカード上の財務の視点においては、費用科目も資産科目も売上や利益、もっと正確にいえば将来キャッシュフローを生み出すための投資的存在にすぎない。経営という投資案件があって、結局それがどれだけのリターンを生み出すのかを考える投資マネジメントとしての財務センスが必要なのである。

●ターゲティングとポジショニングには覚悟が要る

バランススコアカードにおける顧客の視点とはまさに顧客側の立ち位置から考える視点である。具体的には、顧客は誰なのかというターゲティングと、顧客価値は何なのかというポジショニングといったマーケティング戦略を具体化したものがそこに入ることになる。

ターゲティングとポジショニングは常に対応していなければならず、ただ漠然と商品があり売り先としての顧客がいるといった曖昧さは許されない。顧客価値として具現化された商品が顧客側からみて当然に購入するものだからこそ、財務の視点上の売上へのパスとなるのである。バランススコアカード上の顧客の視点は必然的にプロセス視点上のCRM（Customer Relationship Management、顧客管理システム）へとつながっていく。売上や利益の源泉は顧客とその顧客価値にある。コスト削減して表面上の利益を生み出しても、顧客が取引拡大してくれなければたちまちにその利益は消えていく。顧客の視点を考えていくうえで競合先の存在も忘れてはいけない。

顧客側の立ち位置から考えるからこそ、競合先の存在が浮かんでくる。顧客側から考えれば、たとえ自社商品が優れていようとも他社商品の方が安ければそちらを選ぶだろう。

顧客にとっては、高品質であることとリーズナブルであることは同時に求めるものである。高品質なものをいかにして低価格で提供できるかを考えるのが次のプロセスの視点である。

●プロセスはIT化すれば済むという単純な話ではない

バランススコアカードにおけるプロセスの視点では、営業や販売、購買、製造、研究開発といった社内業務をいかにまわすかについて考えることになる。プロセスの視点において求められるのは業務の質と量である。業務の質においては不良やミスをなくすことはもちろんのこととして、より付加価値の高い仕事が求められる。業務の量とは生産性のことである。プロセスにおける生産性の向上にはIT利用が当然に考えられるが、ただIT化すれば済むというほど単純な話ではない。生産性があがっても業務

の質が落ちてしまえば元も子もない。手作りだからこそ顧客にとっての価値が高いのであれば、IT利用による生産性向上は悪である。特にサービス業においては、顧客価値に影響しないように標準化やIT利用を考えることが不可欠となる。プロセスの視点だけで考えれば善となる標準化やIT利用も、顧客の視点と合わせて考えれば悪となるかもしれない。四つの視点を総合的に考えて視点ごとのあるべき姿を考えるこうした点にこそ、バランススコアカードの醍醐味なのである。

● 戦略に必要となる人材や組織はどのようなものか

バランススコアカードにおける四つの視点の最後は学習と成長の視点である。学習し成長する存在とは人と組織にほかならない。人材育成や組織開発といった具体的な活動はプロセスの視点の範疇であり、ここではどういった人材や組織が戦略ストーリー実現のために必要となるのかについて明らかにすることが必要となる。戦略ストーリーに必要となる登場人物やチームが社内に存在しなければ、外部から調達しなければならない。学習と成長の視点にはビジネスパートナーの発掘や育成も含まれるのである。学習と成長の視点において明らかにすべき社員モデルや組織のあり方、求めるべきビジネスパートナー像は、高学歴の社員や熟練揃いのチーム、保有設備や熟練工を有する下請先といったものではない。

戦略ストーリーの実現のために忠実に行動するモラルや必要となる能力をフレキシブルに獲得していけるモチベーション、新たな課題に立ち向かっていけるタフネスさや苦境に負けないレジリエンス、応用がきくコンピタンスといった性質を持つ存在が必要となるはずである。

5 因果関係分析によるCSF、KPIの見極め

● CSFで戦略を骨抜きにしてしまう障害に立ち向かう

バランススコアカード上の戦略マップは、元となる戦略ストーリーを四

つの視点で展開した因果関係を示している。そして、その中にはどうしても避けて通れないCSFが描かれているはずである。もし、特に実施することが難しくないものしか出てきていない場合は、重要な何かを見落としているか、戦略ストーリーまで考えるほどのテーマでなかったことを意味している。実際にはCSFは何らかの理由によって避けられてきたものであることが多い。たとえば、①御用聞きしかできない営業（顧客の視点）、②古い損益概念に縛られた業績報告（財務の視点）、③計画とは違う現場ルールの存在（プロセスの視点）、④事なかれ主義がはびこる中間管理職（学習と成長の視点）といった問題はどこにでも起こりがちである。しかし、こうした問題こそクリアしてない限り、戦略は現場で骨抜きにされ、いつまでたっても改革することはできない。

　上記問題に対するCSFとしては、①提案営業への行動変革（顧客の視点）、②経営に直結する管理会計へのシフト（財務の視点）、③タテマエとホンネの一体化によるマネジメント強化（プロセスの視点）、④がんばる社員が評価される正当な職場づくりといったものが考えられるだろう。

　経営戦略や経営計画がうまくいかない主たる原因は、本当に改善しなければならない組織内の「必要悪」に立ち向かう勇気と努力が足りないことである。どれほど立派な戦略を立案しようとも、どれほど見栄えの良い計画を策定しようとも、本当の敵から目をそらしている限り、決して成功を勝ち取ることはできない。「官僚主義」「ホンネとタテマエの使い分け」「縦割り意識」「退職逃げ切り」「現状維持」「他人任せ」「しらけた態度」といったネガティブ要素がある限り、戦略ストーリーや戦略マップは実行段階で骨抜きにされてしまう。CSFへの取り組みとは、まさに成否を決定づける残酷なほど厳しいものなのである。

● KPIはこれから起きる成功や失敗を示すもの

　KPI（Key Performance Indicator、重要業績評価指標）はCSFに対する達成度を評価するものである。KPIとよく混同されるKGI（Key Goal Indicator、重要目標達成指標）は財務の視点上で設定すべき組織にとって

の最終目標に対する達成度を評価するものである。

　もう一つKPIについてよく間違われているのは、その値がこれからの傾向を表すのではなく、すでに結果を示すものとなっていることである。たとえば前述のCSFの中から「提案営業への行動変革」を例に挙げるとKPIはどうなるだろうか。「提案営業による成約数」は明らかにKGIである。「提案書の客先提出数」もゴールに近い指標でありKGI的である。

　KPIはもっとゴールから離れた地点でかつこの先にゴールに到達することが期待されものでなければならない。提案営業のKPIとしては「提案に向けたヒアリング訪問のアポイント数」や「提案書テンプレートの製作数」などが考えられる。これらの数値が上がってくれば提案営業の取り組みは前向きに進んでおり、数値が動かなければ提案営業の取り組みは停滞していると考えられる。KPIはこれから起きる成功や失敗を示すものだからこそ、継続的にモニタリングすることが必要であり、計画と実行がリンクするのである。

6　能力分析と将来予測にもとづく行動目標の設定

●行動目標は部門別個人別に展開できるとは限らない

　CSFとKPIが決まれば、ようやく戦略を現場におとせるかというとまだ早い。バランススコアカード上の戦略マップは戦略に具体性を与えるとはいえ、まだそのままではCSFやKPIが実際の組織機能のどの部分と対応するのか明確にはなっていない。まずは四つの視点上に描かれた因果関係を実組織上に投影し、その次にCSFとKPIを実組織に合う行動目標に変換しなければならない。その際、注意しなければならないのが、戦略マップから投影、変換する行動目標は必ずしも部門別個人別に展開できるとは限らないということである。たとえば品質改善への取り組みは、営業部門と製造部門、購買部門にまたがって関係する。この場合、品質改善の目標を部門ごとに設定することは可能だが、不良品やクレーム数の減少を

部門目標にするのはナンセンスである。品質不良は顧客不満の原因は部門完結するとは限らないからである。ISOマネジメントシステムに取り組んでいる企業の多くが全部門に対して目標設定している。しかし、ISOマネジメントはそのようなことは求めていない。関係のない部門に無理矢理目標を設定する必要がない代わりに、部門をまたがって取り組むべき目標については部門横断のプロジェクト組織を編成して目標共有し、合同のアクションプランを計画すべきなのである。

●意義があいまいな目標と予算、見込の違い

よく使われるにもかかわらず意義があいまいな言葉に目標と予算、見込がある。目標はまず先に存在するはずの目的を実現するうえでの具体的な指標となるものである。不適切な目標設定の多くはそもそもの目的理解に問題があったり、目標達成するうえで目的と反する行動を取らないといけないような矛盾を含んでいる。戦略マネジメントにおいては常に戦略ありきであり、戦略に一致しない行動目標は却下されなければならない。目標に似た意味で使われることの多い予算には注意が必要である。目標のうち金銭的指標を持つものを予算と呼ぶというような単純な話だけでならば問題は小さいのだが、現実はもっと複雑である。当初予算として策定される予算は目標と同義と考えられるが、予算年度が経過していくうちに、当初予算額が実績値を元にした見込額によって洗い換えられることが多いからである。見込自体が悪いことではなく、当初目標自体、その時点での実現可能な見込によって設定されているはずである。問題は、期中での予算変更が目標自体の変更にあたるのかという点にある。もし目標自体の変更にあたるのであれば、本来その時点で目標未達の総括を行って、KPIを手がかりとした問題分析、課題再設定といった取り組みが行われなければならない。もしこうした取り組みが行われずに予算改定が行われるならば、予算は見込と同義であると考えられる。見込に合わせて行動するのは戦略なしでの環境適合だといえる。各部門、各担当者から出てくる目標や予算が現状維持ありきの見込ベースになっていないだろうか。

第7章　スタンダードがあるようで存在しない戦略策定の形（①戦略策定プロセス）

図表7-10　バランススコアカードに連動した目標設定の例

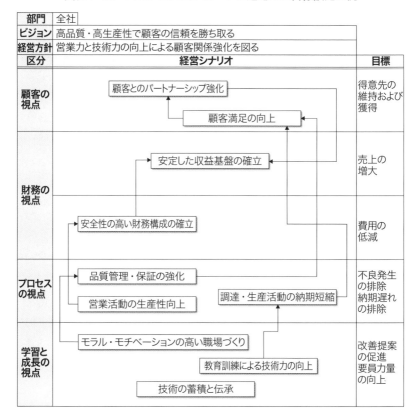

7　損益モデルにもとづくアクションプラニング

●会計年度に合わせてアクションプランが完結する不思議

　役所であれ、企業であれ会計年度がまずあって、そのうえに事業計画や実行計画といったアクションプランが策定される。アクションプランに予算が紐付いている場合、予算は不足しても余ってもいけないため、年度末に帳尻あわせのような付け足しの発注が行われたり、支払の延期や駆け

込み営業、キャンペーン販売といった毎年恒例の行事が行われることとなる。そもそもアクションプランは、戦略ストーリーを出発点としてバランススコアカードの戦略マップ、CSF・KPI設定といった戦略マネジメントのプロセスを経て設定された行動目標を達成するために立案されるものであり、1年で完結できるはずがない。アクションプランを1年ごとに区切ること自体が悪いことではないが、その場合の行動目標は中間地点としてのマイルストーンであり、そこに向かうためのアクションプランもフェーズ分けしたものとなるはずである。ぶつ切りにされたアクションプランをつなげれば一つのアクションプランとしてまとまるとは限らない。アクションプランの作成順序は、最終ゴールとしての行動目標に対する複数年にわたる全体アクションプランを作成した後で、フェーズ分けしたアクションプランを作成するというものである。少なくとも全体アクションプランがちょうど1年で完結するとは限らない。2年かかるかもれないし中途半端な13カ月というケースがあってもおかしくない。アクションプランのスタートがちょうど会計年度の始まりになるというのも変な話である。中には期中や前期末から取り組みが始まったものもあるだろう。計画策定のための計画づくりはナンセンスであり、本来的なアクションプランはもっとフレキシブルなもののはずである。

●戦略なしのアクションプランがイノベーションのジレンマを引き起こす

　数珠つなぎのようにつなぎ合わせたアクションプランが引き起こす典型的な問題が「イノベーションのジレンマ」である。イノベーションのジレンマとは、継続的な商品改良を進めていくうちに、ある時点で顧客ニーズを超えてしまい、既存商品を否定するまったく新しい価値を生み出す破壊的なイノベーションを起こした新規参入者に顧客を奪われてしまうというものである。こうしたイノベーションのジレンマはまさに、数珠つなぎのようにつなぎ合わせたアクションプランを持つ企業につきまとうリスクである。未来は現在の延長線上にあるわけではなく、どこかでシフトしたり急激に変化する。だからこそ中長期的な戦略が策定されているはずなのだ

第7章　スタンダードがあるようで存在しない戦略策定の形（①戦略策定プロセス）

が、現場では数珠つなぎのアクションプランが使われている。戦略なしのアクションプランがイノベーションのジレンマを引き起こすのである。

● **設備投資の損益モデルでプラニングするアクションプラン**

単年度フェーズのアクションプランは年予算会計ベースで考えても問題ないが、単年度におさまらない全体アクションプランの立案では設備投資の損益モデルをベースに考えることが必要である。アクションプラン上の行動実現のための必要となるコストはすべて投資と考え、その投資が回収される時点までを考えておくことが必要である。多くの事業では調査や研究開発など先行投資から始まって、その後の商品仕入や製造、営業展開によって損益が改善していく。品質改善や原価低減といった社内的なプロジェクトであっても事情は変わらない。設計や製造方法の改良といった取り組みは費用を先行発生させるが、その後、不良コストや生産コストの低減による利益増大、顧客信頼が高まることによる売上増といった損益改善に結びついていく。アクションプラニングが財務の視点を含めて戦略ス

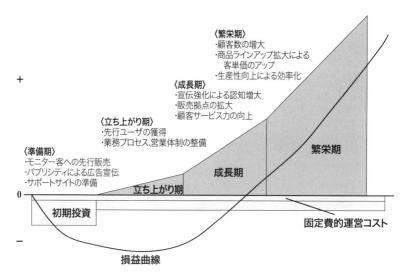

図表7-11　設備投資の損益モデルでプラニングするアクションプラン

トーリーをブラッシュアップしていくバランススコアカードの戦略マップにもとづいていれば損益モデルをベースにすることは難しいことではない。
　情報システムの整備や人材育成といった間接業務におけるアクションプランにおいては、少し工夫がいるが基本的には同じように考えることが可能である。これもまた結局、バランススコアカードの戦略マップ上において、プロセスの視点と財務の視点の間の因果関係をどう描くかにかかっている。情報システムの整備ならば生産性向上による原価率や回転率の改善が、人材育成ならばリーダー人材の育成による事業範囲の拡大や一般社員人材の育成による顧客満足の向上といったシナリオが考えられるだろう。

第8章

コミュニケーションが決め手となる戦略展開

（②戦略展開プロセス）

1　計画文書への上位リンクの実装

●伝言ゲームで分断される上位の意向

　一つの組織体でいったいどれだけの文書が存在しているだろうか。その中には最上位文書であるトップ方針に関われる戦略文書があるはずであり、そこから組織展開された文書が山のように作成されていることだろう。ここで問題にしたいのは整理整頓されていない文書管理のことではなく、上位文書や下位文書との関連性が確保されているかどうかにある。上位文書からの関連付けがなされていない文書はまるで伝言ゲームのように、いつのまにか上位文書の意図とは異なる内容が盛り込まれてしまいか

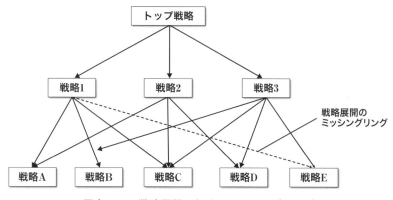

図表 8-1　戦略展開におけるミッシングリング

ねない。中にはトップの戦略文書と現場マニュアルとの間がどのようにつながっているのか途中の関連性を追いかけられないミッシングリングが起きてしまっていることもある。

●バリデーション意識が低い日本のマネジメント

　戦略マネジメントが有効に機能するためには上位 Plan が適切に下位 Plan へと展開されていくという戦略展開プロセスが重要となる。そもそも戦略展開をプロセスとして認識している組織自体が少なく、せいぜい通達文書を上から下へと情報発信するだけにとどまっている場合が多いのではないだろうか。本来、上位 Plan を下位へと展開していく際には、上位 Plan の内容が適切に下位 Plan に反映されているかについてバリデーション（妥当性検証）することが必要である。バリデーションの考え方自体は珍しいものではなく、ISO9000 品質マネジメントシステムの要求事項としても有名であり、医療や医薬品の分野では事故防止のために不可欠な活動となっている。しかし、ISO9000 の認証取得企業や医療医薬品関連の企業であっても、経営管理の分野になるとバリデーションが徹底されているとは言いがたいのが実情ではないだろうか。戦略実現を必達とし、全社一丸で戦略実現をめざそうとするのであれば戦略マネジメントにもバリデーションが必要となるのは自明の理のはずである。

●上位リンクによる Plan 連携性の確保

　戦略展開プロセスにおいては文書様式（フォーマット）が非常に重要となる。文書の上下関係（場合によっては横の関係も）を見える化するための工夫が必要なのである。たとえば、下位文書側であれば上位文書の文書名や関連する項目内容を転記する項目を設けたり、上位文書側であれば下位文書の作成後にリファレンス表を添付するといったことが考えられる。紙媒体ではなく電子文書の場合は文書間リンクがはるかにやりやすい。文書間リンクは文字通りハイパーリンクなどによって直感的に確保でき、ブログ形式の文書ライブラリであればコメント付記したり、キュレーション

（まとめ）といった作業もできる。

　上位文書の文書名や関連する項目内容を転記したとしてもまだ問題が残る場合がある。下位文書の記載内容が上位文書の記載内容と意味的に合致していない、上位文書が求める内容になっていないといった妥当性確保の問題である。前項で示したバリデーションを行うことが不可欠となる。問題は、バリデーションを実施するためには、上位文書の内容を理解したうえで、かつ下位文書のあるべき姿についても理解できる能力が必要となるということにある。小規模な組織ならばトップ自らが全文書をバリデーションするというのも当然に考えられる方策だが、大規模組織になればそうはいかない。そこで重要となってくるのがミドルマネジメントである。戦略展開プロセスにおける中間管理職、ミドルマネジメントの意義が大変重要になってくるのである。

●直上位概念とのリンクだけでは確保できない戦略整合性

　計画文書への上位リンクを考慮できている企業でも、一つ上の文書との関係だけにとどまっていることが多い。しかし、直接的な上位文書だけでなくより上位の文書との関係性を確保するようにしておかないと、伝言ゲームのように少しずつ最初の意図からずれていくということが起きてしまいかねない。特に事業計画や組織目標とった計画文書においては、上位計画文書だけでなく、経営戦略や経営環境といった全社方針や当該事業や組織に関わるセグメント方針、関連事業や連携部署の計画文書との関係整合性を確保することも必要となる。戦略策定フェーズにおいてはバランススコアドカードによる因果関係の整合性確保を考慮していたにもかかわらず、計画展開フェーズになると結局、部門ごとの部分最適に陥ってしまうというのではあまりにも悲しいことである。

2 部門の壁を越えるマネジメント体制

●部門内で収まらない課題を嫌がる官僚制組織

バランススコアドカードの戦略マップのように、組織戦略を達成するためには、部門の壁を越えた全社的な取り組みが不可欠である。しかし、部門間の利害調整で余計な仕事を振られることを嫌がる保守的な部門リーダー達は、できる限り自分達の都合だけで対応できるように目標や課題の範囲を自部門内におさめようとする。それならばと始めた提案制度やプロジェクトマネジメントも手を挙げる者が少なく、次第に形骸化していく。保守主義の代名詞とも言うべき官僚制組織の問題は、官公庁や大企業だけの問題ではなく、中小企業にも存在する。部や課、係さらには担当レベルですら仕事の分担をめぐって駆け引きが行われる。組織を分断する官僚制組織は、目標をともにするチーム型組織へとシフトさせる必要がある。そのためには、上位の組織長が下位の組織を一つのチームとして機能させるリーダーシップを発揮する必要がある。小規模な組織ならば経営者自らが、大規模な組織ならばミドルマネジメントがその役割を果たさなければならない。

せっかくトップが考えた全体最適をめざす経営戦略も、部門の壁を越えることを嫌がる現場のミドルマネジメントが骨抜きにしてしまって意味がない。営業畑や管理畑、工場や研究所など部分最適の芽はどこにでも存在する。執行役員に期待したいところだが、派閥という新たな部分最適が生まれることに注意しなければならない。組織の成果はどこかの部署やグループだけが創出しているわけではないという子供でもわかる理屈が通らないことが少なくないのである。

●全体最適における組織改革の必要性

どれほど優れた戦略を策定しても組織がそれを活かそうとしない限り意味がない。優秀な監督を招へいしても、監督の戦略が選手に浸透しなけれ

第8章 コミュニケーションが決め手となる戦略展開（②戦略展開プロセス）

ばサッカーチームも強くならないのと同じことである。全体を考えて行動すること、時には個を犠牲にしてでもチーム連携や貢献を優先すべきことを啓蒙しなければならない。組織改革なしに戦略をどれだけ策定してみたところで絵に描いた餅である。戦略は実行できてはじめて価値がある。

組織改革には、方針表明や人事異動、戦略会議といったフォーマルな活動だけでなく、自主勉強会やQCサークル、飲み会といったインフォーマルな活動も必要となる。むしろ、フォーマルな活動だけでは、戦略への不満は潜伏し、組織改革を骨抜きにされかねない。現場に影響を持つキーパーソンを特定し、本音をぶつけ合うような議論を重ねてはじめて現状打破の道が開けてくる。変化を嫌がり、現状維持にとどまりがちな現場に変革をもたらすのは推進リーダーの情熱しかない。推進リーダー役自体がほどほどの取り組みでよしとしていては、結果は火を見るより明らかである。組織改革は経営者自らか右腕とも呼べるべき者にしか任せてはいけないのである。

●戦略マネジメントに適するサッカー型組織

強いサッカーチームには全体最適が徹底している。全速力でゴール前に戻って守備するフォワード選手や、守備ラインを上げて相手をオフサイドトラップにかけるディフェンダー、ただゴールを守るだけでなく、前線に指示を与えるゴールキーパーなど、誰もがチームプレイに徹している。野球選手も同じように、ただ三振するのではなくピッチャーの特徴を教える先頭バッターや、ボールの後逸を見越してカバーに入る守備選手、声を張り上げて応援する控え選手など、強いチームにはやはり全体最適が浸透している。

サッカー選手や野球選手よりも年配者が多い企業組織において、こうした当たり前の行動がとれない輩が多いのはどうしてだろうか。ベテラン選手がチームを引っ張るように、会社組織において年配社員が率先してチームプレイを見せなければ、若手社員は健全に育たない。やる気のない手抜きプレーが蔓延するようなチームはスポーツでもビジネスでも競争を勝ち

抜くことは無理である。

3　因果関係で戦略を末端作業まで結びつける

◉規程と手順書で登場人物が違うわけ

　業務ルールを文書化している組織では業務ルールの概要を規程に、その詳細を手順書に分けて定義していることが多い。規程では責任者や担当者の責任および権限と果たすべき役割について基準を示し、手順書ではその具体的な実施手順を定義するわけだが、問題となるのは規程と手順書との間で登場人物がしばしば一致しないという点である。その理由として考えられるのが、規程と手順書とで担当者の思惑が異なっていることである。規程の作成者はトップダウンで経営戦略や組織計画をブレイクダウンして結果として規程を策定し、手順書の作成者はボトムアップで現場事情を規程に反映させた結果として手順書を作成する。その結果、規程においてはあるべき姿（ToBe）としての部署や役職に責任権限が割り付けられ、手順書においては実際にまわせる実情（AsIs）に合った部署や役職に責任権限が割り付け直されるのである。本来ならば規程の作成者は、現場に対して意識改革を行い、責任権限の遂行に新しい能力が必要になるのであれば、教育訓練を実施すればよいはずである。しかし実際には、上が作りっぱなしした規程を下が勝手に骨抜きにするという構図があちこちで起きているのである。

◉分断してはいけない業務、分担してはいけない役割

　こうしたことが起きてしまうのは、そもそも上位計画文書である規程の策定と、下位文書である手順書の策定という業務や役割自体が分断していることに原因がある。Planの連鎖、戦略計画の展開プロセスにおいて、部分最適が起きているのである。官公庁においてはキャリアとノンキャリア、民間においては本社と支社、拠点といったタテの流れにおいて指示命

令系統に分断が生じている。あるいは部長と課長の間、課長と係長、主任の間に分断が存在している。「どうせ上の意図など下は理解できない」「どうせ下の苦労を上は理解しない」とお互いが考えている限り、その溝は永遠に埋まらない。

● Web だけでないリンクエラー

クリックした先が「404 not Found」となってしまう Web ページのリンクエラーと同じようなことが組織においても起きている。しかも困ったことに Web ページのようなエラーメッセージが出ないために気づくことすら難しい。Web ページのようにテストすることもない。規程と手順書で登場人物が違うといったリンクエラーも修正されることなく放置されている。これではトップがどれほど優れた戦略を描こうとも日の目を見ることはない。

戦略展開を確実にすることが戦略マネジメントの鍵を握ると言っても過言ではないだろう。

●表に出にくい縁の下の力持ち的な前提条件

戦略展開の本質は因果関係の展開である。因果関係によって策定される戦略ストーリーは直接的な成功要因、失敗要因ばかりに注意しがちであり、その結果、心配しなくても確保される縁の下の力持ち的な存在を忘れがちである。表舞台に出てこない地味な総務部門の文書管理や人事部門の福利厚生など、うまくいかなくなってはじめてその存在価値に気づくような組織や業務がそれである。仏教用語では物事が生じる直接の力である「因」とそれを助ける間接条件の「縁」があり、因果関係はこの二つの働きである「因縁」によって起こるとされている。因縁とは決して怪しい概念ではなく、方程式でいうところの前提条件であると考えればよい。長年培ってきた経営者と社員との信頼関係や、ビジネスパートナーの協力意識、誰もが意見を言える風通しの良い組織風土など、戦略展開の表舞台であまり議論されることのない重要な前提条件は少なくない。「因」ばかり

を連ねてみても「縁」がなければ戦略はつながらない。実現できない戦略の原因は「縁」にあるのかもしれない。

●効率経営が陥りやすい落とし穴

無駄な会議をなくせと効率経営をめざしているとすれば注意が必要である。無駄話も戦略実現に貢献する間接条件である「縁」かもしれないからである。失敗するから成功する、無駄だと気づくから改良する、そもそも人や組織は学習する存在であり、無駄や失敗をはじめから恐れていては成長していけない。必要なのは無駄や失敗の排除ではなく、無駄や失敗を振り返って学習するためのレビュー、See である。バランススコアカード四つの視点の「学習と成長の視点」は決して二次的な戦略ではなく、経営戦略として最重要な戦略カードといっても過言ではない。効率経営には「学習と成長の視点」の視点が落ちている。短距離走的な成功だけを求めるならばスリムでアジル（俊敏）な組織づくりがよいのかもしれないが、ゴーイングコンサーンであるべき企業は長距離走を走り続けられるように少々の体脂肪も必要なのである。

4　全体像と順序感が問題となる予算編成

●部門予算になった時点で失われる全体像

戦略実現、計画遂行には資金が不可欠となる。戦略の具体化過程において戦略ストーリーは資金を含む計画としての予算へと形を変えていく。問題はその予算化の過程で当初の全体像としての戦略イメージが薄れていくことである。国家予算でもそうだが、企業の予算においても一度ついた予算は消えていくことなく、せいぜい効果が低いという理由で縮小されるだけであり、一から戦略見直しということにはなかなかならない。その結果、新たな戦略予算が雪だるま式に積み重なっていくこととなる。トップが新たに考え出した戦略ストーリーの中には、当然に現状の予算項目を受

け入れないものもあるはずである。中には矛盾するものもあるかもしれない。にもかかわらず、縮小されることはあっても廃止されることのない現状予算が、当初ドラスティックだった戦略ストーリーの全体感を損ね、その狙いを骨抜きにしてしまうということが起きるのである。

●調達や準備の都合を考慮しない戦略ストーリー

　調達や準備の都合を考慮しないで策定された戦略ストーリーが予算化の段階で壁にぶつかってしまうのは当然のことである。本来、戦略ストーリーの段階で仮想のアクションプランであるフィジビリティスタディを実施し、その実現可能性について分析しておくべきである。しかし、実際には大きな投資や外部支援が必要となるような経営革新プランでもない限り、戦略策定の段階で調達や準備のことまで考えないのが普通である。その結果、予算の段階になって誰がやるのだ、予算はどこの部署が負担するといったもめ事が起きるのである。予算とは新たに資金調達が必要な場合だけにたてるものではない。人件費や販促費といった固定費になっている資金運用面にも目を向けなければならない。社員の勤務時間も予算運用の対象である。何をやって何をすべきでないのかまで議論しておかなければ新しい取り組みは時間に余裕があればやるということになりかねないのである。

●能力限界や余力を忘れがちな社員や組織のリソース価値

　特に社員の勤務時間は組織にとって重要なリソースであり、社員の関心がどこに向けられるかは戦略ストーリー成否の大きな鍵となるものである。能力限界や多忙を理由に余力のないことを訴える社員の存在は、戦略ストーリーの有効性を疑わざるを得ない状況である。反対に真面目な社員は無理をしてでもできますと言うかもしれない。人的リソースは能力限界を測るのが難しく、職場での人間関係や家庭事情などインフォーマルな環境によっても精神的、感情的不安定となる存在である。社内外からどれほどのやり手のマネジャーをひっぱってきても、社員とうまく融和できなけ

れば独り相撲になるだけである。これほど重要な意味を持つ社員リードや組織づくりを現場マネジャーが片手間にやっているというのでは、戦略ストーリーは片手落ちと言わざるを得ない。戦略策定および展開の順序感が間違っているのである。

●部門目標間の因果関係を無視した優先順位付け

部門計画、部門予算は全社計画、全社予算案が決まった後で一斉に横並びで策定させる企業が多い。しかし、これでは戦略の因果関係、ストーリー性を無視するのに等しい。営業戦略と商品開発、業務改善とシステム構築、新規事業と人材育成など明らかに前後関係があると思われる関係においても、双方の戦略すりあわせなしで部門予算が策定されていくことも珍しいことではない。また、部門目標の中には、関連する部門同士が共同で取り組むことが不可欠となるものも少なくない。たとえば商品原価の低減といった製造部門の目標があったとすれば、製造方法の改良を担う生産技術部門との連携や、場当たりな営業をやめるべき営業部門との交渉が必要となるはずである。時には協力要請し、時には利害をぶつけ合うべき関係であるにもかかわらず、他部署には口を出さないという事なかれ主義が組織にはびこっていては革新的な戦略遂行はとうてい無理である。

● IT戦略は予算化にも実行、実現にも時間がかかる

部門計画、部門予算の中でも特に注意すべきなのが、IT部門の計画、予算である。IT予算はシステム化対象の業務部門の計画や予算に関連するという、前項で示した問題が当然にあるだけでなく、IT戦略は予算化にも実行、実現にも時間がかかるという点に留意しなければならない。IT戦略は営業支援システムや生産管理システムといったように一見すると、特定部門の業務改善に貢献するだけのようにみえても、最終的にめざすものは全社的な機能連携と情報共有という全体最適であり、トップの経営戦略そのものといっても過言ではないものである。その予算化においてはシステム開発に必要となる資金だけでなく、ユーザ教育や新システム構

築後のBPR（Business Process Re-engineering、ビジネスプロセス・リエンジニアリング）に必要となる活動——システム保守や運用維持、マスタ整備、名寄せなどのデータ保全といったシステム関連業務から、制度変更や組織改革、人事評価といったマネジメント業務——といった、多岐に渡る取り組みについても目を配る必要がある。当然のことながら、その実行（システム開発プロジェクト）は数年にわたることも珍しくなく、実現（新システムの導入、定着）もまたITベンダーからシステム納品されたら終わりという単純なはなしではない。不具合修正や現場からの機能改善が終わりなく続き、総括（See）がいつまでたってもできないシステム開発プロジェクトがあちこちで起きていることも知っておくべきである。

5　マネジャーに求められるプロジェクトマネジメントスキル

●ガントチャートでは描けないアクションプラン

　一般的にスケジュールは縦に並べられたタスクごとの実行時期に対して横線を引くガントチャートを作成されることが多い。しかし、実際にはこれらのタスクが順番に進んでいくとは限らない。先に始まったタスクが後から始まるタスクより終わるのが遅かったり、タスク間に因果関係があって、前のタスクが終わらないと開始時期になってもスタートできないタスクもあったりする。担当者や部署ごとに受け持っているタスクの間に相互の因果関係がある場合、お互いが相手のタスク終了を待って身動きできなくなるというデッドロック状態も起きてしまうケースもある。こうしたことがないようにするためには、タスク間の因果関係を明確に表すことができるアローダイアグラムを使えばよいのだが、プロジェクトマネジメント技法を学んだ人以外にはなじみのないものである。

　スケジュールも当然にPlanの成果物であるとすれば、Seeできるように考慮していくことは当然のことである。しかし、なぜ遅れたのかについて個々のタスクの遅れしか見えてこないガントチャートではスケジュール

第Ⅲ部　戦略マネジメントの全体像

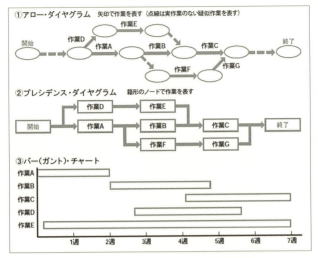

図表8-2　スケジュールの3つの表記法
日経コンピュータ ITpro サイトより引用
http://itpro.nikkeibp.co.jp/article/COLUMN/20070524/272186/

を描けてもマネジメントすることはできない。アローダイアグラムによるタスク間の因果関係からボトルネックを発見し、その動向を監視して遅れの兆候が見つかれば早め早めに対策を講じるというマネジメントスキルを身につけることがマネジャーに求められるのである。

● WBSとRAMによる構造化アプローチ

　スケジュールが遅れる最大の理由は人である。能力以上のタスクを与えられたり、できそうにないことでもがんばればなんとかなると思ってみたり、きちんとした段取りがわからないまま時間だけが過ぎていくといったことがあちらこちらで起きている。こうしたことが起きないようにするためには、適切なタスクを適切な人材に割り振ることが不可欠となる。ガントチャート上の大ざっぱなタスクを部署単位で割り振るというのではあまりにもラフすぎる。タスクはそれを割り当てられた担当者がその内容を理解でき、実行するために必要となる作業やリソース、時間が想定できる

第8章 コミュニケーションが決め手となる戦略展開(②戦略展開プロセス)

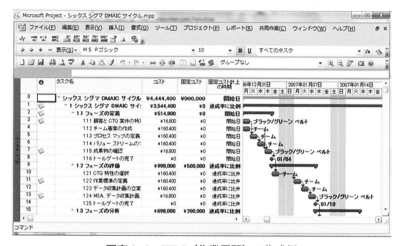

図表8-3 WBS(作業展開)の作成例
Microsoft サイトより引用
https://www.microsoft.com/ja-jp/project/EVM.aspx

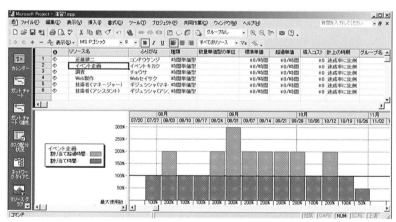

図表8-4 WBS(作業展開)の作成例
PMstyle.biz サイトより引用
http://pmstyle.biz/column/i2m/i2m8.htm

143

程度までブレイクダウンしなければならない。そうでなければ絵に描いた餅にすぎないのである。タスクをブレイクダウンするための手法がWBS（Work Breakdown Structure、作業展開）であり、WBSによって分割されたタスクに人をわりあてるのがRAM（Responsibility Assignment Matrix、責任分担マトリクス）である。ガントチャートをWBSとRAMのレベルまで内容展開することによって、そのスケジュールの実現可能性を判断することができる。途中で破綻するプロジェクトやいっこうに進まないアクションプランは計画当初から必要作業も要員も不明確だったということが少なくないのである。

●現場リーダーに期待されるリソースマネジメント

必要作業に必要人材を割り付けられたとしてもまだ十分ではない。設備や道具、作業場所や関連サービスやビジネスパートナーの協力など、さまざまなリソースが必要となるはずである。こうしたさまざまな必要リソースの必要性に目を配り、適切な手配と確認を行うことはトップマネジメントには難しい。現場の雑多な事情に精通する現場リーダーにこそ期待される役割なのである。社員やビジネスパートナーのモチベーションアップや、地域住民とのコミュケーションなどプロジェクトの失敗に結びつく要因はいくらでもある。風通しのよい職場づくり、きれいな玄関やトイレなど清潔で気持ちのよい環境づくりといった間接的で地味な活動が大きな意味を持つことも珍しいことではない。こうした前提条件ともいうべきできていて当たり前のことに対して気を配ることが現場リーダーには必要になるのである。

● EVによる進捗管理の量的測定化

スケジュールに関する問題は計画時だけではない。その進捗把握にも留意しなければならない。担当者からの作業報告だけに頼っている進捗管理では、順調なように見えても終盤になってから取り返しのつかない遅れが顕在化するといったケースが少なくない。正確な進捗把握のためには、まず計画時においてWBSによるタスク分割が行われていることが前提とな

第8章 コミュニケーションが決め手となる戦略展開（②戦略展開プロセス）

る。その上で最小単位であるタスクごとに進捗度合いを日々測定することとなるわけだが、ここで注意しなければならないのは、完成度合いだけでなくリソース割当てを含む予算の消費度合いについても測定しなければならないという点である。理想は予算の消費度合いと完成度合いが一致しながら遅滞なく進んでいくことだが、最悪の場合、予算の消費度合いだけが予定より早く進み、完成度は予定より遅いということが起きることまで想定しておかなければならない。プロジェクトマネジメント技法のアーンドバリューマネジメント（EVM：Earned Value Management）はまさにこうした問題を解決するためのものである。アーンドバリューマネジメントではプロジェクトの計画価値（PV：Planned Value）に対する出来高としてのアーンドバリュー（EV：Earned Value）と発生した実コスト（AC：Actual Cost）を監視する。内部プロジェクトなどで実コストまでは管理しない場合であってもPVとEVを定量的に監視することは必要である。ガントチャート上で終わった終わってないという議論を感覚だけで続けたところで徒労に終わるだけである。

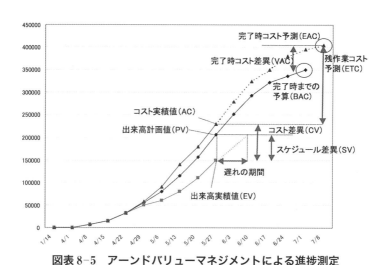

図表8-5　アーンドバリューマネジメントによる進捗測定

経済産業省「EVM活用型プロジェクト・マネジメント導入ガイドライン」より引用
www.meti.go.jp/policy/it_policy/tyoutatu/evm-guideline.pdf

第9章

シングル・ループを許さない
実行段階での戦略リンク

（③戦略実行プロセス）

1　らせん構造スタイルによる上下ループの有機的結合

●行ったきり戻ってこない戦略リンク

　経営理念や行動指針、経営戦略、事業方針など数々のPlanが発信されたままになっている。トップから発信されたPlanはさらにミドルによって作成される部門目標や業務計画へと展開されるが、それもまた発信されたままになる。PlanDoSeeの順番にまわるはずのマネジメントサイクルは現実にはPlanPlanPlanとつながっていき、DoとSeeはそれぞれのPlanに貼り付くばかりで上位のPlanには戻っていくようにはまわってはいかないようである。組織階層ごとのマネジメントは太陽系の惑星であるかのように独立してPlanDoSeeをまわしており、ときどき上の層や下の層との間でPlanやSeeのやりとりをするだけである。上に報告される内容も指示されたものと必ずしも一致しているとは限らず、中には見た目だけ指

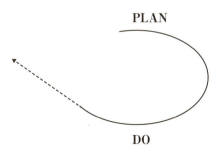

図表9-1　行ったきりで戻ってこないマネジメントサイクル

示内容と合わせるといったことも行われていたりする。

◉なぜミドルマネジメントはシングル・ループに陥るのか

行ったきりで戻ってこないマネジメントサイクルが起きてしまう理由の一つには、ミドルマネジメントや現場が多忙でDoループに陥ってしまうというものがある。Doループとは、人は忙しくなるとPlanとSeeに時間をかける余裕がなくなりDoばかりするようになってしまうことを意味する。そして、忙しさを理由に日常報告をしなくなると、問題が大きくなってしまい、ますます報告しにくくなるというネガティブサイクルが新たに生まれてくる。上位のPlanと現場事情の乖離が大きくなればなるほど、今さら報告するわけにもいかず、ついには計画すら手を加えることとなる。どれだけりっぱなコンプライアンス方針をトップがうたおうとも、下でDoループが起きていれば不祥事が起きるのも時間の問題である。行ったきりで戻ってこないマネジメントサイクルに疑問を持たない姿勢こそ改めなければならないのである。

◉計画志向から仮説志向への意識改革

行ったきりで戻ってこないマネジメントサイクルが起きてしまう理由のもう一つは、Planを見直して改善サイクルをまわそうという意識が低いことがあげられる。作るのも大変ならば承認を得るのも一苦労のPlanをそう簡単に変えたくない。しかしだからといって、計画通りに物事が進むかどうかは別である。しょせん、計画は実行前に立てる仮説であり、本当の結果はやってみなければわからない。計画通りにいかない結果を計画に合わせるようにDoの軌道を修正するのがSeeではない。計画と結果の差異からPlanを見直してDoの軌道を修正するのがSeeである。計画通りにいかないのが世の常であり、計画が失敗に終わった後こそ本当の勝負どころである。一度承認されたら必達が絶対の予算制度や、トップの体裁上見直しできない事業方針など、本来ならばナンセンスなことが過去から永遠と続いている連鎖を誰かが勇気を持って断ち切らなければいつまでたっ

第9章 シングル・ループを許さない実行段階での戦略リンク（③戦略実行プロセス）

ても本当の競争力などつきようがない。

●らせん構造による学習成長ができる組織づくり

行ったきりで戻ってこないマネジメントサイクルが起きてしまう理由にはさらにもう一つある。それは失敗から学ぶことの意義を認識できていないことである。See によって Plan と Do との間にある差異を感知してその原因を探ることで人も組織も成長することができる。Plan と Do の間に何も差異がない順風満帆が続くということは、そこには学習の機会が存在しないということである。前年、前期と変わらない年度予算や営業方針を立てるだけでは失敗はないかわりに新たな成功もない。Plan は新たな成功を勝ち取るために勇気を持ってとるべきリスクでなければならないのである。

2　上位管理者と下位管理者の役割を RACI モデルで再編する

●責任者という責任不明の役まわり

責任者、マネジャーという肩書きは結局何をするべき人なのだろうか。本来、責任者やマネジャーという肩書きを持つ人には、明確な役割分担すべき責任分野があるべきはずである。しかし、実際には名ばかりの責任者やマネジャーであることが少なくない。名目上は部長や課長が責任者であるにも関わらず、実務上はその下の部長代理や課長補佐が実行責任も説明責任も取らされているのである。役所でも企業でも何か問題が起きたときに記者会見を行うことがある。そのとき出てくる人達が現場指揮者であると思われるときがあるが、そうすると現場指揮者が実行責任と説明責任を併せ持っていることになる。この場合、現場指揮者の上司はなんの責任を有しているのだろうか。

●実行責任と説明責任を区別する

責任者が果たすべき責任には「実行責任（Responsibility）」と「説明責任（Accountability）」の二つがあり、これを区別する必要がある。小さな仕事であれば実行責任者と説明責任者は同一人物であってもおかしくないが、一人でやりきれないような大きな仕事になれば説明責任者一人に対して、実行責任者は複数人いるということが当然に起きる。また、説明責任は階層的に上から下へとおろすことができる。当然より範囲の大きな説明責任は上位者が担うことになる。ここで問題となるのは、実行責任と説明責任とが対応していない場合である。たとえば、上位の説明責任が下位の説明責任をカバーしていない場合や、下位の実行責任をカバーする説明責任が抜けているといった場合である。こうしたことが起きてしまうのは、そもそも責任の連鎖の視点から役職設計されていないからである。バスケットボールのチームがマンツーマンディフェンスかゾーンディフェンスするかの選択があるように、ビジネス組織においても人か仕事のどちらで責任分担するのか選択しなければならない。そして、部下や上司が変わろうとも、部署再編や業務分掌見直しが起きようとも、責任連鎖の鎖が切れることがあってはならないのである。

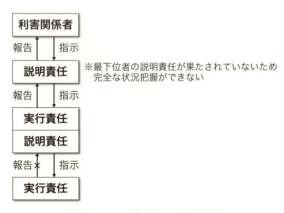

図表9-2　実行責任と説明責任

第9章　シングル・ループを許さない実行段階での戦略リンク（③戦略実行プロセス）

● RACI モデルで見える化する役割分担

　RACI モデルでは、責任者を「実行責任者（Responsible）」「説明責任者（Accountable）」「協業先（Consulted）」「報告先（Informed）」の四つの類型に分ける。実行責任者は作業を担当する直接の責任者であり、説明責任者はその上司などで作業全体について説明責任を持つ。協業先はその作業に関連して影響を受ける部署の責任者であり、全体最適のために意見する責任を持つ。最後の報告先はその作業に関連して大きな影響を受けないが、その成否に関心を持つ利害関係者を代表する責任者である。実行責任者が説明責任者に状況報告および意向打診するのは当然のことだが、協業先や報告先の意見や関心事にも注意を払わないと思いがけない反対にあって計画が座礁するということが起きてしまう。何か新しいことをしようとすれば、どこかにぶつかることは当然のことであり、それを無視してごり押ししてみても途中で挫折するか骨抜きにされるだけである。バランススコアシートの四つの視点で明らかになった関連計画や目標から関係部署やその責任者を明らかにし、計画当初から推進チームの一員として参画させることが必要なのである。

図表 9-3　RACI モデルによる役割分担の見える化

	製造	購買	品質保証	管理者
制作	RA	I	C	I
購買	I	RA	C	I
プロジェクト管理	RA	RA	C	RA

R：実行責任者　A：説明責任者　C：協業先　I：報告先
実行責任者が説明責任者も果たさないと報告内容に穴があく

第Ⅲ部　戦略マネジメントの全体像

図表 9-4　コンタクトパーソンを頂点とする逆ピラミッド型組織

3　Do オンリー現場への Plan および See 機能の組み込み

◉コンタクトパーソンという組織のフロントエンド

　一般的に企業組織は経営者をトップに置いたピラミッドの形をとっている。そして顧客と日々、相対するのは最下層の営業担当者であり、コンタクトパーソンと呼ばれる組織のフロントエンドである。これではお客様を第一に考える日本企業の経営としては本末転倒であり、本来ならば顧客と相対するコンタクトパーソンを頂点とする逆ピラミッドこそあるべき組織構造であるはずである。逆ピラミッド構造におけるマネジャーは、すべてフロントエンドに位置するコンタクトパーソンをサポートするサーバントリーダーとして存在する。

　しかし、現実にはコンタクトパーソンは組織から孤立し、孤軍奮闘して顧客の要望や苦情に対応しなければならない。上位マネジメントは偉くなればなるほど、コンタクトパーソンから遠い位置に離れていき、同時に顧客からも離れていくことになるのである。

◉ Plan と See が存在しない最末端組織

　営業会議、朝礼、日報、何をやっても結局は場当たり的な活動に終始し

てしまうと嘆くマネジャーは多い。電話が鳴り止まないオフィスや顧客から呼び出されて事後対応に追われる営業担当者など、最末端組織にはもはやPlanとSeeが存在しないように見えてしまう。そもそも彼らは計画やレビューなどやっている時間がとれないのである。しかし、本当に時間がないのだろうか。PlanとSeeは時間があるからするものではなく、PlanとSeeのために時間をとらなくてはならない。問題はPlanとSeeをしなくても仕事ができると思っていることにある。Doを繰り返すだけで仕事をしていると勘違いしてしまっているのである。10ある時間のうち1と1をPlanとSeeに振り分ければマネジメントは回り出す。時間に余裕がない限りPlanとSeeをやれないなのであれば、どれほど要員追加してもマンパワーはDoに食われてしまい、問題は何も解決していかない。根本解決のために何をすべきかについて考えることを放棄してしまっているのである。

●仕事は意識次第で作業にも業務にもなる

仕事は意識次第で作業にも業務にもなる。ただ言われたことだけをしていれば済む仕事は単なる作業である。しかし、どれほど単純な仕事でもそこにPlanとSeeが存在すれば、それはりっぱな業務となる。もっといい仕事をしよう、もっとよくしようという業務改善の意識があれば自然とPlanとSeeが行われるようになる。昨日と同じでかまわない、明日も同じことをやればいいというのでは何の改善も生まれない。戦略マネジメントは現場でまわってこそ意味がある。現場にマネジメント意識がない限り、いくらトップマネジメントで優れた戦略ストーリーを策定してみたところで何も変わらない。現場はDoをやるだけのところではない。戦略ストーリーを実行するためには、さらに現場でそれを実現するためのアクションプランやさらには各チームや各人の段取りにまで落としこまなくてはならない。そして、実際に戦略実行してみてわかったことを上位にフィードバックしなければならない。決してマネジメントから分離された存在ではないのである。それがビジネスパートナーに委託される業務であっても例外ではな

い。実行責任と説明責任は決して分離できないのである。

4 トップ戦略と現場方針との整合性確保が決め手

◉鳥の目魚の目を持つトップと虫の目を持つ現場の対話

そもそも超長期的な視点から戦略について考える立場にあるトップと、日々起きる問題やトラブルに対応しなければならない現場とでは見ているものも考えていることも違うため、意思の疎通が難しい関係にある。お互いが理解し合いにくい関係にあるということを理解し合ったうえで、コミュニケーションのあり方について協議する必要がある。トップと現場の見方の違いは、鳥の目魚の目虫の目の違いである。トップは鳥の目と魚の目を持ち、現場は虫の目を持っている。鳥の目とは、大所高所から広い視野でもって物事全体を見つめていくことによって、大局観を把握する目であり、魚の目とは時代の流れを見極める目であり、ビジネスチャンスやリスクを見逃さないための目である。虫の目とは、足元を見つめる目であり、いわゆる現場現物現実という「三現主義」にもとづいて細部にわたっ

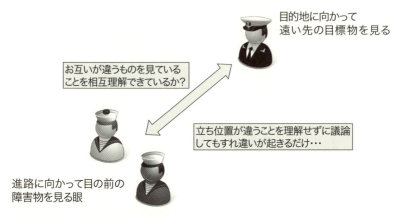

図表9-5 鳥の目魚の目を持つトップと虫の目を持つ現場の補完関係

第9章　シングル・ループを許さない実行段階での戦略リンク（③戦略実行プロセス）

て重要事項を見逃さない目である。トップは鳥の目と魚の目を使って、全体と先を見ている。現場は虫の目を使って、今まさに起きていることを見ている。どちらが優れているかの問題ではなく、双方とも補完し合う関係にある。どちらかの意見に合わせるのではなく、見えていることを足し合わせることによって、新たな知見を得なければならないのである。

●戦略マネジメントを分断する組織階層の壁

実際の組織ではもっとやっかいなことが起きている。海面を飛び跳ねるトビウオがいると思えば、ゆうゆうと水中を泳ぎ回るアジやマグロやカツオ、海の底を住処とするイカやタコ、エビのように、さまざまな見方を持つ社員があまり対話することなく、分業という名のもとで独立的に仕事をしている。上層や下層を回遊する社員がときどき意見することがあっても、事情も分からないのに勝手な事を言う厄介者として排除される運命にある。何重にも重なり合った組織階層の壁が戦略マネジメントを分断してしまっているのである。

●社内SNSが実現するトップと現場の直接対話

組織階層の壁を打ち破り、鳥の目魚の目を持つトップと虫の目を持つ現場とが直接対話する環境を築く方法として、社内SNS（Social Networking Service、ソーシャル・ネットワーキング・サービス）の利用が考えられる。社内SNSとは、社内向けのFacebookやTwitterなどのソーシャルメディアを運用しようというものである。トップが投稿した将来への思いに対して、現場社員がコメントとし、現場社員が投稿した日々の出来事に対して、トップがコメントするといった双方向のコミュニケーションが活発になることによって、組織階層間の相互理解が深まることが期待できる。同時に、トップ戦略と現場問題を見える化することによって、マネジメントサイクルに新たな気づきを与える。社内SNSはマネジメントサイクルにおけるSeeを活性化させるうえで大変有用なのである。

第Ⅲ部　戦略マネジメントの全体像

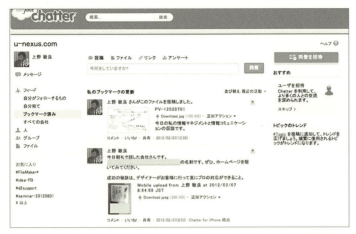

図表9-6　社内SNS「Salesforce Chatter（チャター）」の画面例
http://www.salesforce.com/jp/chatter/overview/

●コンタクトパーソンを頂上とすべき戦略実行の組織構造

　自分の上を見上げれば上司が何人もいる、そんな組織構造になっていないだろうか。顧客や取引先から新たな企画を打診されても、すべての上司の承認を得るだけでも時間がかかるというのでは、現場の疲弊が目に見えるようである。顧客や取引先と話をするのは組織の末端であり、その責任者は建物の奥から出てこないというのでは、ビジネスチャンスもリスクも、トップの目に触れることなく消え去っていくことだろう。本来ならば、顧客や取引先と直接接点を持つ社員は、コンタクトパーソンと呼ばれる組織構造のフロンティアとも言うべき第一線の存在である。コンタクトパーソンの裏に控える上司はサーバントリーダーとして、コンタクトパーソンの活躍をサポートしなければならない。

　組織は、いわゆるピラミッド構造をひっくり返したような逆ピラミッド構造をとるべきである。顧客や取引先と接点を持つコンタクトパーソンとして、それを支える形で上司や幹部が立ち回り、その最下位においてトップが後方サポートするというのが、戦略実行プロセスにおける組織のとるべき形なのである。

5　行動予定と業務報告から見直すダブル・ループへの変革

●形だけの行動予定と業務報告

　行動予定表や日報、週報を書かせている企業は多い。しかし、その内容に満足している企業はどれほどあるだろうか。既存客を納品訪問し、事務的な話をして帰ってくるだけの営業活動にたいした意味はない。ましてや、間接部門の行動予定や業務日報にルーチンワークが書かれていたとしても誰が感心を持つのだろうか。行動予定は上位プランである部門目標や行動目標から出てくるCSF（Critical Success Factor、主要成功要因）を含むもののはずであり、その行動結果もまた部門目標や行動目標の達成状況を把握するためのKPI（Key Performance Indicator、重要業績評価指標）に結びつくもののはずである。本来ならば、日々の行動予定や業務報告をみればトップ戦略がうまくまわっているかどうかも知ることができるはずなのである。しかし、日報を書くだけのために帰社する営業担当者がいたり、作業や出来事を列記したにすぎない無意味な日報、週報を読むのにストレスを感じている上司があちこちにいるのが現実なのである。

●シングル・ループを生む疎外された現場マネジメント

　日報や週報が書けない、遅れるという問題状況の背景には、書き手側にもまともな言い分があることも少なくない。書く時間がとれないのである。問題はその理由であり、その理由を解決しようとしない姿勢にある。よくある理由の一つは忙しすぎること、もう一つは書くことが多すぎて手間がかかりすぎることである。前者の問題は大きく、PlanDoSeeのうち勤務時間をDoばかりにあててしまい、マネジメントサイクルが回らなくなってしまう危険性をはらんでいる。いわゆるシングル・ループという事態が起きてしまい、表向きのPlanDoSeeループの内側にDoばかりがまわってコントロールがきかない状態になってしまうのである。後者もまた、事情は違えども結果は同じであり、書ききれない報告書を適当に処理してしま

うというみせかけのSeeが生まれて、表向きのPlanDoSeeループとは違う現場マネジメントがそこで起きることになる。DoできないPlanがナンセンスだったように、Doと連動しないSeeもまた無用の長物なのである。

●計画差異が悪であるという誤解

　計画どおりに動いていない報告を好まない管理者がいる。反対に、どうせ計画どおりにいかないのだから計画はあまり必要ないと言う人もいる。両者に共通しているのは計画差異が悪であるという誤解である。そしてSeeはないに越したことは無いという誤解である。

　むしろ計画差異という成果が得られるからこそ計画が必要なのであり、計画差異と向き合って何が起きているかを探ることが有用なのである。Planは仮説に過ぎない。だからこそDoの結果をSeeで検証する必要がある。マネジメントのスタートはPlanの策定時ではなく、初回のSeeによって最初の計画差異を得たときであると言うこともできるだろう。

6　戦略カタリストによる垂直水平自由な意思疎通

●コミュニケーションが不足する戦略マネジメント

　戦略実行プロセスにおける戦略マネジメントにおいてはコミュニケーションが重要な意義を持つ。上から下への戦略リンクはもちろんのこととして、下から上での実績報告もまたコミュニケーションの質が問題となる。コミュニケーションの失敗はマネジメントサイクルの分断を意味し、戦略マネジメントは機能不全に陥ることになる。トップから各部門、各現場へと展開される戦略の内容は質量とも膨大なものであるにもかかわらず、その伝達においては不親切な通達文書や一方的な連絡会議ですまされてしまうことが多い。現場から上司、上位部門、トップへと報告される実績も報告のたびに集約され、臨場感のない退屈なものへと変質されていく。本来、上下間におけるコミュニケーションは、折りたたまれたスプ

レッドシートの行や列がクリックすると広がって表示されるように、詳細情報を消すことなく、その要約情報を伝えるものでなければならない。財務諸表の数値の根拠はいつでも元帳や仕訳帳を調べれば確認することができる。気になる箇所があっても元情報を追いかけることができないような要約情報では意思決定の役には立たないのである。

●ミドルマネジャーに期待されるカタリストとしての役割

　トップの思いを短い文書や形だけの連絡会議だけで伝達することには無理がある。現場の事情もまた、上司によって要約された業務報告だけで伝達することには無理がある。だからといってトップと現場がいつもいっしょにいることができるのは、組織が小さいうちだけに限られる。だとすれば、トップと現場の間を行き来し、双方の事情を知ったうえでその橋渡しをする人材が出てくることが期待される。トップの思いを現場に醸成される意味を持つカタリストという役割を持つ人材がまさにそれである。トップの分身として組織の隅々をまわり、戦略の意義を伝えるとともに、現場が抱える問題をトップにフィードバックするという人材がいてはじめて戦略マネジメントは回り始めるのである。

●共通体験で思いを共有する

　言葉だけではなかなか思いを共有できないトップと現場とがやるべきことは、共通体験の形成である。現場の作業は実際に現場に行ってみて現実、現物に触れてみることによってはじめてその大変さがわかる。単純と思っていた作業が例外だらけで実はやっかいで、難しいと思っていた作業が意外と体系化されていて楽だったということも珍しくない。現場側もまた経営会議にオブザーバとして参加することによって、トップが置かれているプレッシャーが尋常ではないことを体感することができる。共通体験によって相互理解が生まれるのである。トップとして現場に対して何ができるのか、こんな時トップだったらどうするだろうか、双方がお互いの代理として目の前の仕事を考えることができる職場を築くことが、コミュニ

ケーションの強化を言う前に取り組むべき前提条件なのである。

第10章

戦略見直しをタブーにしないためのデータ分析とオープン経営

(④戦略評価プロセス)

1 フィードバックがあってこその戦略マネジメント

●不祥事事件のたびに問題となる放任経営

　粉飾会計や検査偽装など不祥事事件のたびに、コーポレートガバナンスの有効性が話題となる。トップ自らが意図的にルールを逸脱した行為に手を出すケースでは、発見も是正も難しいが、そうでなければマネジメントが有効に機能していなかったことが推測される。本書の冒頭から何度も繰り返してきた投げっぱなしで、戻りがない一方通行のマネジメントスタイルが問題なのである。トップによって策定された戦略は、現場からのフィードバックによって評価、見直しされなければならない。本来のコーポレートガバナンスではトップマネジメント自体も監査委員会や株主によってモニタリングされるはずであり、トップ自身による不祥事の場合であっても歯止めがきくはずだが、モニタリング機能自体が名ばかりになっている企業経営の実態ではそれも期待するのが難しいのだろう。

●恣意的に選択されるフィードバックの現状

　現場からトップに、社内から監査委員会や株主総会といったモニタリングにフィードバックが行われる場合であっても、その中身が問題となる。都合のある情報はカットされ、聞いていて心地よい好ましい情報のみが報告されるようなマネジメントの仕組みでは自浄能力が働くわけがない。好ましくない情報があれば、Doの担い手である現場やミドルマネジメント

の責任ばかりが問われ、計画や指示命令の妥当性が問題となることがない状況では、現場やミドルマネジメントが自己防衛に走ってもしかたないだろう。目標管理においても、達成できない目標を問題にされることは少なく、いつでも目標を達成できなかった部署や社員が問題とされる。はたして本当にそれで正しいのだろうか。Do の問題は Do 自体に原因がある場合もあるかもしれないが、その多くは Plan にある。だからこそ、Plan は See によって評価、見直しされなければならないのである。

　Plan と Do の間にギャップが生じるのは必然のことである。むしろ、そのギャップをスタートにしてこそ成功への道が開けるにもかかわらず、その道を閉ざしてしまう愚かな行動はもういい加減やめるべきである。

● ISO マネジメントシステムにおける記録の重視

　ISO9000 や ISO14000 など ISO マネジメントシステムの規格では、一つも例外なく記録を重視している。マネジメントサイクルの重要性をその基礎においている ISO マネジメントシステムが Plan に対する Do からのフィードバックとして記録を不可欠のものとするのは当然のことといえよう。しかし、ISO マネジメントシステムの実態もまた決して好ましいものではない。認証取得や更新審査のために記録を作成し、見せかけだけの内部監査やマネジメントレビューを実施するケースが後を絶たない。本来ならば優れた経営ツールとなり得る ISO マネジメントシステムも、その名とは裏腹に品質不良や環境汚染、個人情報漏えいといった事件事故が次々と起きる現状を見る限り、その理想とかけ離れた方向に向かっているのかもしれない。

● Do だけでなく See に対する Plan および See が必要

　自己点検や内部監査などモニタリングの手法が違えども、See が果たすべき意義に対する期待は大きい。にもかかわらず、形だけのモニタリングが後を絶たない実情をみれば、See に対する Plan および See の強化が必要なのかもしれない。ISO マネジメントシステムにおいて、内部監査プロ

セスも妥当性検証の対象外とはならない。その計画や体制、要員の力量、実施基準や手順といった構成要素に対する See が重要となるのである。企業の不祥事では明らかにモニタリングが有効に機能していない。その責任は監査部門や監査法人だけが問われるのではない。組織的に隠そうとする中で、モニタリングは容易ではないことは想像に難くない。むしろ、モニタリングの仕組みといった Plan の有効性に着目すべきである。多くの企業で繰り返される不祥事や骨抜きとなった ISO マネジメントの実情をみれば、コーポレートガバナンス上におけるモニタリングの仕組みに何らかの問題やほころびが生じていることは明らかだろう。トップマネジメントや経営企画など戦略マネジメントの従事者には、戦略立案と同等あるいはそれ以上にフィードバックの仕組みに見直しの必要性が生じていないか見直ししていただきたい。フィードバックの有効性確保こそマネジメント成功の鍵といっても過言ではないだろう。

2 戦略マネジメントからみた管理会計の現状とあるべき姿

●後付けされた管理会計の制約と限界

企業における See にあたる取り組みとして管理会計がある。管理会計はマネジメントアカウンティングとして経営管理に貢献するための会計であり、トップマネジメントに対して経営管理に役立つ会計情報を提供することを目的としている。裏返せば「トップマネジメントが見たい会計情報」であり、さまざまな利害関係者が利用する財務会計では客観性が必須とされるのに対して、トップマネジメントの好みが強く反映される。

トップマネジメントが策定した経営戦略がまず先にあり、その経営戦略に適合する形で立案された経営計画、実行予算に対して設計される管理会計には後付け感がついてまわる。意図的であろうとなかろうと、トップマネジメントの信念や思い込みを根底からくつがえすような測定、評価のしくみが設計されることは期待しにくいのである。

●後付けの管理会計からマネジメント組込みの管理会計へ

　トップマネジメントの思わくに縛られざるを得ない後付けの管理会計から脱却するためには、管理会計は独立的に See の役割を果たすものとしてマネジメントサイクルに組み込まれる必要がある。自動車のメーター機器がエンジン設計とは別に設計されるように、トップマネジメントの戦略策定という Plan と独立したところで、See 自体の Plan がなされる必要があるのである。戦略マネジメントにおける See の機能をメーター機器にたとえるならば、組織内のあらゆる部署や業務におけるオペレーションに対してセンサーを張り巡らせ、ネットワークを通じてビッグデータとして収集し、情報システムによって測定分析できるしくみがそれにあたるだろう。月次の財務会計レポートや、担当者の主観に振り回される営業日報や業務日報だけでは、経営管理のためのメーター機器としては力不足である。業務の効率化や営業活動の強化を目的とした IT 投資を否定するわけではないが、経営の「見える化」を実現するための IT 投資を必要する経営者がもっと存在してもおかしくないのではないだろうか。工場における制御系システムにおいても、稼働情報の収集は機器コントロールのための必須の機能である。戦略マネジメントにおける Plan もまた See とセットとなってはじめてその有効性が発揮されるのである。

●統計的アプローチによる仮説検証の必要性

　戦略マネジメントにおける See 機能として管理会計に期待されるものとして、統計的アプローチによる仮説検証がある。トップマネジメントの直感や現場の経験といった主観的な情報から描かれる戦略ストーリーには、大胆さと裏腹に緻密さが本来的に欠落している。だからこそ、緻密な See の実施によって軌道修正を行うことが必要なのである。客観的データにもとづく仮説検証の強みは、統計的アプローチによる仮説検証が可能となる点にある。トップマネジメントや現場の思いがどうであれ、統計学的検定の結果、95％の有意性で好ましくない判定が得られたならば、崖の下に向かった邁進するデスマーチを起こさずに済むかもしれない。

第10章　戦略見直しをタブーにしないためのデータ分析とオープン経営（④戦略評価プロセス）

●測定装置としてのアンケートと観察

　管理会計においては、主として販売や購買、製造といった業務の実績データが利用される。実績データは客観的事実としてなくてはならないインプット情報だが、思いがけない落とし穴もある。実績データが客観的事実を表さない場合があるからだ。たとえば、販売業務であれば、POSデータに登録された売上データの中には、顧客が一番に欲しいと思うものがなかったために購入した二番目に欲しい商品が含まれている。もし店頭に一番欲しい商品が並んでいれば売上にならなかった商品に対して、売れ筋と判断してしまう恐れがあるのである。物流や製造現場でも同じようなことが起きている。一旦出庫登録し始めたところ、急な入庫が起きたために出庫登録を後回しにしたり、製造着手のバーコードを通した後で必要資材がないことに気づいて倉庫まで取りに行く時間が製造時間に参入されてしまうなど、現場では情物不一致（情報システム上の情報と実際の情報が一致しないこと）が常に起きている。

　こうした実績データが持つ問題に対して、効果的な改善策となり得るのがアンケート調査である。顧客に対しては、店頭で「本日お買い上げの商品は一番欲しいものでしたか？」と聞くことによって真実を知ることができるだろうし、社員に対しても、コンピュータへの登録を後回しにしたり、登録した内容とは違う仕事をすることがないかについてアンケート調査や、作業観察することによって確認することができる。

　昨今、データアナリストやデータサイエンティストと呼ばれる、データ

図表 10-1　いたるところで起きている情物不一致

の集計や分析、評価を専門的に行うプロフェッショナル育成の必要性が叫ばれている。しかし、元となるデータ自体の正確性や妥当性に問題があると、間違った判断を導き出しかねない。管理会計に代表される戦略マネジメントにおける See 機能においては、「それは本当に事実なのか?」という疑念を持ちながら取り組むことが重要である。データに不安があるならば現場に行くべきことは昔から口を酸っぱくして言われていたことである。

3　因果関係を抜き出して戦略インプットする　　データアナリストへの期待

●営業日報、業務日報の意義を理解しない現場担当者

　日報か週報か頻度の差こそあれ、営業活動や業務活動に対する計画および報告を社員に義務づけている企業は多い。しかし、トップの思いとは裏腹になかなか効果が上がらないと嘆く企業もまた多いのも事実である。書くだけで時間がかかり、読まされる方も作文のような内容を読むのに時間がかかる結果、日報をやめて週報に縮小し、それでも効果があがらないために結局、やめてしまったという企業も少なくない。特に目立ったことがなかった日は無理に報告する必要はないのだが、何か書かないと評価が低くなることを恐れて、無駄な作文をする社員が後をたたない。客先の人事異動など、今後の営業活動に影響を与えるような本来報告すべき出来事にそもそも無関心ではどうしようもない。本来、営業日報、業務日報もまた、戦略マネジメントにおける See の役割を果たすべきものであり、特に営業日報は、客先で今起きていることをキャッチできる貴重な測定装置とも言うべきものである。経営戦略や事業計画に反映できていないような機会や脅威が今まさに営業担当者の前で起きているかもしれないのである。

　営業日報や業務日報が本来の意義をなかなかはたしてくれないのは、それを書かされている社員に See の意識がなく、See の元となる Plan に対する認識もできてないことに原因がある。営業活動や業務活動の元となる Plan に対する理解がしっかりできていれば、現場において自分の目の

第10章　戦略見直しをタブーにしないためのデータ分析とオープン経営（④戦略評価プロセス）

前で起きていることがPlanどおりなのか、そうでないのかを感じることができる。しかし、そうでなければ何も感じることができない。それならばと、頭のよいトップマネジメントは現場向けのKPI（Key Performance Indicator、重要業績評価指標）を用意して、日報や週報の中で気づけるようなしかけ（おそらく指さし確認のためのチェックボックスなどであろう）をつくる。しかし、それでもやはり、Planに対する理解が薄い者に気づかせることは難しい。営業日報にしても業務日報にしてもしかり、マネジメントサイクルの中でSeeがなかなかうまく行かない本当の原因は、Plan自体を理解できていないことにあるのである。

●アナリスト不在の戦略マネジメント

　戦略策定においてコンサルファームやシンクタンクを使う企業はあっても、営業日報や業務日報を始めるのにコンサルファームやシンクタンクを呼び出す企業は少ない。しかし、彼らが戦略策定においてまず着手するのはSWOT分析などの現状分析である。戦略策定というPlanにおいては、一つ前のSeeサイクルで得られた測定情報が必要なのである。どれほど高額なERPパッケージソフトやSFAソリューションを導入していたとしても、どれほど高度な管理会計のしくみを構築していたとしても、戦略策定に結びつかなければ意味がない。戦略策定に役立つSeeを実現するためには、戦略や計画と連動するSeeのしくみを構築できるビジネスアナリストやデータアナリストといった存在が必要である。ビジネスアナリストやデータアナリストは社内外のどちらでもかまわないが、自組織の戦略や計画に詳しいという点で社内の人間にかなう外部の専門家はいない。期待される部署は普通に考えれば経理部や情報システム部ということになるだろう。専門知識やスキルや社外から調達すればよいとして、伝票計算やシステム開発といったDoプロセスを自分達の仕事と思っている間は、社内からビジネスアナリストやデータアナリストといった人材を輩出することは難しいかもしれない。

●データ分析のために必要となる地味な努力

　われわれは常に情報を収集して先に起きることを予測しながら行動している。車の運転であれば、先に見える信号機や対向車のウインカー、歩行者の動きなどさまざまな情報を一瞬にして処理してハンドルやブレーキを操作している。企業経営において収集すべき情報が少なくてよいはずはなく、その判断と対処に遅れをとってしまっては致命傷になるかもしれないのは車の運転と同じである。国内における企業経営において、好ましくない特徴として、統計解析やデータ分析をあまり重視してこなかったという傾向がある。データウェアハウスやビジネスインテリジェンスなどのキーワードがはやることはあっても、本気でその実現に取り組んでいる企業はどのくらいあるのだろうか。そもそも１回分析したからといって大きな答えを見つけることができるとは限らないし、それどころか、データ分析ツールを導入したからすぐに成果を期待すること自体おかしなことである。何事にも魔術のようなテクニックなど存在しない。データ分析で成功したいのであれば、地道なデータ整備と退屈な統計解析の勉強に取り組まなければならない。部分から全体を推測する、現在から将来を予測するといった華々しい統計解析やデータマイニングの成果を得たいならば、それなりの努力が必要なのである。

●内部情報に偏る戦略マネジメントへのフィードバック

　管理会計に代表される戦略マネジメントにおける See 機能で利用されるインプットの多くは内部情報である。営業日報を通じて客先の事情を少しは知ることができるとしても、それは営業担当者の行動範囲で得られる断片的な情報にすぎない。顧客側の視点にたてば、自社の競合先も顧客にとっては重要な取引先であり、小規模な競合先や新規参入業者であっても、顧客の引き立てにあえば市場シェアは一気に書き換えられることになる。顧客の顧客も顧客の今後の行動に影響を与える重要な存在である。顧客が値引き交渉にあえば、仕入先にまで値引き交渉が伝播するのは当然のことである。また、自社も含めて競合先全体に影響を与える代替品も顧客

第10章　戦略見直しをタブーにしないためのデータ分析とオープン経営（④戦略評価プロセス）

からすれば単なる選択枝の一つにすぎず、いつ購買候補となるとも限らない。

　会計情報だけでは見えてこない代表的な情報として市場シェア率がある。自社の売上増大や減少の原因はマーケット全体の拡大縮小にあるのか、競合先間のシェア変動なのか、あるいは新規参入や代替品の影響を受けているのかなど、会計情報だけではどうしても見えてこない。社外からの情報源としては、業界紙や業界団体による調査情報、マーケティングリサーチ会社のデータベースや調査レポートなどがある。競合他社の情報や顧客の顧客の情報ならばWebサイトから相当の情報を得ることができる。競合先と同じ仕入先があるならばそこにアンケート調査することも考えられる。

　また、昨今、話題になっているオープンデータも有用なマーケティングリサーチの情報源となる。政府統計の総合窓口であるe-Statには、日本のさまざまな政府統計関係情報が集まっている。たとえば、国勢統計では

図表10-2　イースタット　政府統計の総合窓口
http://www.e-stat.go.jp/SG1/estat/eStatTopPortal.do?method=init

地域別の人口分布や、男女・年齢・世帯などの家族構成等の属性がわかる。小売物価統計では、各地域での主要品目の価格がわかる。全国消費実態統計では、家計の収入・支出および貯蓄・負債、耐久消費財、住宅・宅地等の家計資産がわかる。社会生活基本統計では、普段の生活で何に時間を費やしているのかがわかる。

調べる気になれば情報は集めることができる。問題は、情報は集める意義を理解しないことであり、形だけの See に終始していることではないだろうか。

4　戦略修正のための助言ができるキャディー型人材への期待

● Yes マンと No マンのどちらでもないキャディー型人材

キャディーの出来次第でプロゴルファーの成績が良くもなり悪くもなると言われている。優秀なキャディーはゴルファーが判断に迷わないように、いい時はいい、悪いときは悪いとはっきりしたアドバイスをする。なんでも OK の Yes マンでも、何でも NG の No マンのどちらでもない。これに対して、企業トップの取り囲みに中には Yes マンと No マンが少なからずいる。取り立ててもらおうと、何でも言われるとおりにする Yes マンはトップを暴走させ、足をひっぱりたい No マンはトップを惑わす。太鼓持ちと評論家しかいない経営者は悲しい。トップに必要なのは優秀なキャディーのように、是々非々でアドバイスできる人材である。取り巻きを好き嫌いだけで選んではいけない。たとえ相性が悪くても、性格が合わなくても、有用なアドバイスをしてくれる人材こそ選ぶ必要がある。向かうべきゴールを共有しつつ、自分と違う見方ができる人材は貴重な道具となる。思いを同じくする反対意見をつぶしてはいけない。プロゴルファーとキャディーがともに優勝を狙う仲間であるように、トップは意見が合わない人材を活用すべきなのである。

●経営者が求める仮説検証による戦略助言

　優秀なキャディーは非常にデータ志向であり、コースに関するさまざまな情報を頭に入れている。そのうえで、その日の天候やプロゴルファーの調子や傾向を見ながらどう攻略されるのがよいかについて思考をめぐらせている。トップに必要なのも同じである。経営者が求めるのは仮説検証による戦略助言である。そもそもゴルファーが何をしようとしているのか分からずに、スコアが悪くなった時に何をアドバイスすればよいのか判断できない。彼らはゴルファーの狙いに間違いがないのにスコアが悪くなったときは、むしろクラブを変えることなく、メンタル的なアドバイスをする。ボギーでとどめて次につなげる対応が必要なのである。ビジネスにおいても軌道修正すべき時と、我慢すべき時がある。結果が出ないからと動きすぎると失敗してしまうだけでなく、何がよかったのかさえわからなくなってしまい、打ち手をなくしてしまいかねない。動くべきかとどまるべきかの冷静な判断をサポートしてくれる人材が必要なのである。

●仕事の始まりから終わりまでがわかる人材育成の重要性

　キャディーはゴルフコースのことについて隅々まで頭に入っている。これをトップサポートに置き換えると、自社内における仕事の始まりから終わりまでがわかる人材が必要だということになる。しかし、自社の業務全体がわかる人材はどこでも希少である。目標管理や成果主義のせいもあって、自部署のことしか頭にないマネジャーも少なくない。業務全体を見渡す立場にある経理部門や情報システム部門も、これ以上仕事を増えることを恐れて財務諸表や情報システムに関係しないことには手を出そうとしなかったりする。それならばと、期待して始めたISOプロジェクトもまた実業務とかけ離れた文書化に終始する……これではいつまでたっても経営者の右腕は現れてはくれない。トップは自分が必要とする人材像として業務全体がわかり、戦略修正のための助言ができる人材であることを情報発信すべきである。多くのトップ人材はゴルフを知っている。キャディー型人材こそ自分達の身を助けてくれることを痛いほどわかっているはずである。

5　データ経営の集大成 DMP

●データ氾濫をもたらしたデータウェアハウスとインターネット活用

　ビジネスにおけるデータアナリストやデータサイエンティストの必要性が急に叫ばれるようになった。しかし、データ分析の必要性が話題になるのは今に始まったことではない。データウェアハウスやインターネット活用に注目が集まった頃にはどの企業も我も先とばかりに導入が広がったものである。しかし、話題に乗るだけでは何を導入してみたところで大きな効果は望むべくもない。結局のところ、データウェアハウスは入れてはみたものの使うのは限られた数人だけ、インターネットも玉石混交の情報の中からなかなか良質の情報を得ずじまいというのが多くの企業における実情ではないだろうか。

●部分的な管理会計やデータ分析がもたらす危険性

　データ分析がまったく行われていないというわけではない。管理会計やマーケティングリサーチ、需要予測など経営活動において、データ分析の有効性はそれなりには理解されている。しかし、こうした部分的な管理会計やデータ分析にはある種の懸念がぬぐい去ることができない。それは、そこから得られた答えが本当に妥当なものなのかという点にある。
　統計解析にしてもデータマイニングにしても、重要な変数や前提条件を見落としてしまうと、出てくる答えが大きく違ってくる。統計解析では有意性5％水準で有意であるといった明確な結論が得られるため、余計に経営判断を誤らせる恐れがある。データ上では有意だとしても、実際には状況は変動しているために適用できないということが多々起きる。損益分岐点分析によって目標売上を設定したとしても、その前提条件である固定費や変動費率が不安定に変動しているようでは、使える指標に成り得ない。データ経営を志向するのであれば、組織全体が計画にもとづいて制御されていることが大前提になる。しかし現実の組織はトップがPlanを絶対的

に扱っている反面、ミドルや現場はその Plan の重要性を理解せずに帳尻だけ合わせれば済むと思っていたりするのである。

● 検証のための枠組みづくりが先決

検証のしくみをきちんとまわすためには、検証のための枠組みづくりを行うことがまず先決となる。天気予報やインフルエンザ予報などで定点観測が用いられるように、継続的に測定することによって、変化の有無や傾向をつかむことができるようになる。ビジネスにおいても、測定すべき場所や業務、作業、日時など経営戦略や事業計画の成否に影響を与えるCSF（Critical Success Factor、主要成功要因）を明らかにし、その監視データとしてKPI（Key Performance Indicator、重要業績評価指標）を設定しなければならない。戦略マネジメントにおいて、全社にはりめぐらせたCSFとKPIは、組織全体を見える化する経営地図となるものである。

● DMPで経営戦略の因果関係を一貫追跡する

DMPとは「Data Management Platform、データマネジメントプラットフォーム」の略で、データを管理するプラットフォームを意味する。DMPにはオープンDMPとプライベートDMPの二つの種類がある。オープンDMPは、データ提供企業が持つWebサイトなど利用データをマーケティング利用するものであり、プライベートDMPは、企業が自社独自のデータを集約するためのインフラとなるものである。戦略マネジメントにおいて重要となるのは後者のプライベートDMPの方である。前項で述べた、CSFとKPIによって組織全体を見える化する経営地図を構築するために役に立つのがプライベートDMPによるデータ統合である。プライベートDMPの構築において、不可欠となるのは、経営地図として何を測定すべきかについてのデータ基準を確立することである。縦割り組織では組織横断的なデータ基準の確立は難しい。たとえば、顧客からのオーダーが営業部門で受け付けられ、総務部門で与信審査された後、調達部門や工場、物流センターなどを経て、財務や経理部門で終結するといった流れが

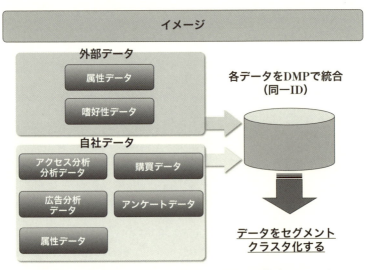

図表 10-3　プライベート DMP によるデータ統合イメージ
http://web-tan.forum.impressrd.jp/e/2014/03/27/17151

あった場合、品質や納期、コストに影響を与えるポイントとして設置すべき測定箇所は、はたしていくつあるだろうか。確立すべきデータ基準は部門担当者が集まってみても答えは出てこない。ましてや情報システム部門やIT ベンダーに丸投げしても意味がない。プライベート DMP の構築における最重要な利害関係者はトップマネジメントである。経営戦略の担い手であるトップマネジメントが、戦略策定と同時にその検証手段としてプライベート DMP の構築に携われるべきなのである。それは、本書が一貫して主張してきた戦略マネジメントの連続性——Plan、Do、See——から当然に帰結される結論である。

終わりに──戦略とマネジメントを一体化せよ

●戦略はリーダーシップそのもの

　戦略は何のために策定するのだろうか。どうせうまくいかない戦略ならば、出たところ勝負でいくしかない。出たとこ勝負という考え方を、議論の余地なく間違いだと切り捨てることは乱暴である。ビジネスの世界では、出たとこ勝負で行かざるを得ないことは少なくない。しかし、ビジネスには出たとこ勝負ではすまされない場面もあるから、単純な考え方だけでやっていけないのである。競合他社よりも先手を打って出るためには、先に何をすべきかについて決めておかなければならない。戦略を策定するということは、組織がどう進むべきかを先頭に立って示すリーダーシップに他ならない。リーダーがあるべき姿を示して組織を動かすとき、そこにはリーダーシップが存在する。問題は組織がどう進むべきか、どうあるべきかを変えるのもリーダーシップであり、そのためにはマネジメントが不可欠だという点である。戦略を変えるのも変えないのもリーダーシップである。リーダーはリーダーシップを発揮するために、戦略を示す必要があり、戦略が正しく機能するためにマネジメントしなければならないのである。

●マネジメントがあってはじめて戦略は光を放つ

　優れたリーダーが優れた戦略を持つことは昔の偉人をみても明らかである。しかし、優れたリーダーが失敗するのも戦略ミスが原因となることが多いというのも事実である。成功を収めた戦略が優れていればいるほど、皮肉にも失敗しやすくなる。リーダーは自分が考えた戦略が通用しなくなったことを認めたくないし、部下もまたネガティブな報告をしたがらない。新しい戦略を作成すべき何らかの変化が起きつつあるのに、その変化と向き合おうとしないのである。脚光を浴びては消えていくベンチャー企

業は、まさに戦略で成長し、戦略で衰退する典型例だろう。創業時に示した戦略と、それに邁進するリーダーシップは本物である。しかし、マネジメントがついてまわらないために、その成功戦略が曲がり角を回った頃に衰退に向かってしまうのである。創業以来、大成功はなくてもしぶとく生き残る老舗企業の多くは、派手なリーダーシップはない代わりに、地味に戦略を変え続けるマネジメントを持っている。戦略を変え続けるために、現場がトップにフィードバックする。

　ビジネスの世界でもスポーツの世界でも、独自の戦略を持つリーダーをとっかえひっかえして停滞する現状を打破しようとする例が後を絶たない。しかし、どれだけリーダーを使い捨てしてみても、そのリーダーが持つ戦略がいつでも成功するとは限らない。戦略を属人的なリーダーシップから切り離さなければならない。戦略は組織的なマネジメント活動を通じて創出し、修正していくことをめざさなければならない。あるべきマネジメントの姿を示して推進していくためのリーダーシップが、今、トップに必要なのである。

参考文献

『演習と実例で学ぶプロジェクトマネジメント入門』中川正樹監修、飯尾淳編著、ソフトバンククリエイティブ、2012年。

『管理会計』岡本清・尾畑裕・挽文子・廣本敏郎、中央経済社、2008年。

『競争の戦略』M. E. ポーター著、土岐坤・服部照夫・中辻万治翻訳、ダイヤモンド社、1995年。

「コーポレート・ガバナンス」『ダイヤモンド・ハーバード・ビジネス・レビュー2016年3月号』ダイヤモンド社。

『コトラーの戦略的マーケティング――いかに市場を創造し、攻略し、支配するか』フィリップ・コトラー著、木村達也翻訳、ダイヤモンド社、2000年。

『コミュニケーション戦略スキル』DIAMONDハーバード・ビジネス・レビュー編集部翻訳、ハーバード・ビジネス・レビューブックス　ダイヤモンド社、2002年。

『サーバントリーダーシップ』ロバート・K・グリーンリーフ著、金井壽宏監修、金井真弓翻訳、英治出版、2008年。

『CIOのITマネジメント』NTTデータ経営研究所編著、NTT出版、2007年。

『ストーリーとしての競争戦略――優れた戦略の条件』楠木建、東洋経済新報社、2010年。

『戦略的バランス・スコアカード』ニルス・ゲラン・オルヴ、ジャン・ロイ、マグナス・ウェッター、生産性出版、2000年。

『戦略は組織に従う』アルフレッド・D・チャンドラー .Jr著、有賀裕子翻訳、ダイヤモンド社、2004年。

『バランス・スコアカード――戦略経営への変革』ロバート・S・キャプラン、デビッド・P・ノートン、生産性出版、2011年。

『プロフェッショナルマネジャー――58四半期連続増益の男』ハロルド・ジェニーン、アルヴィン・モスコー著、田中融二訳、柳井正解説、プレジデント社、2004年。

『マネジメント』P. F. ドラッガー著、上田惇生編訳、ダイヤモンド社、2010年。

【著者略歴】

杉浦　司（sugiura@sugi-sc.com）

立命館大学経済・法学部卒、関西学院大学大学院商学研究科修了（MBA）、信州大学大学院工学研究科修了（工学修士）。京都府警、大和総研を経て杉浦システムコンサルティング・インク設立。
中小企業基盤整備機構戦略的CIO育成支援事業チーフアドバイザー。
情報処理技術者（システムアナリスト、システム監査技術者、情報セキュリティアドミニストレータ、アプリケーションエンジニア、ネットワークスペシャリスト、データベーススペシャリスト）、PMPプロジェクトマネジメントプロフェッショナル、CISA公認情報システム監査人、CIA公認内部監査人、CFE公認不正検査士、ISO審査員（品質、環境、労働安全、情報セキュリティ、ITIL）、行政書士などの資格を持つ。
著書に『ITコンサルティングの教科書』（秀和システム）、『消費を見抜くマーケティング実践講座』（翔泳社）、『ITマネジメント――モデリングと情報処理によるビジネス革新』（関西学院大学出版会）、『よくわかるITマネジメント』（日本実業出版社）、『データサイエンス入門』（日本実業出版社）、『実践グループウェア』（講談社ブルーバックス）などがある。

戦略マネジメント
激動の時代を生き抜くためのスピード経営

2016年7月25日初版第一刷発行

著　者　杉浦　司

発行者　田中きく代
発行所　関西学院大学出版会
所在地　〒662-0891
　　　　兵庫県西宮市上ケ原一番町1-155
電　話　0798-53-7002

印　刷　株式会社遊文舎

©2016 Tsukasa Sugiura
Printed in Japan by Kwansei Gakuin University Press
ISBN 978-4-86283-221-4
乱丁・落丁本はお取り替えいたします。
本書の全部または一部を無断で複写・複製することを禁じます。

理 コトワリ

KOTOWARI
No.75
2025

五〇〇点刊行記念

関西学院大学出版会の総刊行数が五〇〇点となりました。
草創期とこれまでの歩みを歴代理事長が綴ります。

自著を語る
未来の教育を語ろう
關谷 武司　2

関西学院大学出版会の草創期を語る
関西学院大学出版会の誕生と私
荻野 昌弘　4

草創期をふり返って
宮原 浩二郎　6

これまでの歩み
関西学院大学出版会への私信
田中 きく代　8

ふたつの追悼集
田村 和彦　10

連載　スワヒリ詩人列伝
第8回　政権の御用詩人、マティアス・ムニャンパラの矛盾
小野田 風子　12

1997-2025

関西学院大学出版会
KWANSEI GAKUIN UNIVERSITY PRESS

自者を語る

未来の教育を語ろう

關谷 武司　関西学院大学教授

　著者は現在六四歳になります。思えば、自身が大学に入学した頃に、パーソナル・コンピューター（PC）というものが世に現れ、最初はソフトウェアもほとんどなく、研究室にあるただの箱のような扱いでした。それが、毎年毎年数倍の革新的な能力アップを遂げ、あっという間に、PCなくしては、研究だけでなく、あらゆるオフィス業務が考えられない状況が出現しました。その後のインターネットの充実は、さらに便利な社会をもたらし、近年はクラウドやバーチャルという空間まで生み出しました。そして、数年前から、ついに人工知能（AI）の実用化が始まり、人間の能力を超える存在にならんとしつつあります。ここまでの激的な変化が、わずか人間一代の時間軸の中で起こってきたわけです。

　もはや、それまでの仕事の進め方は完全に時代遅れとなり、昨年まであった業務ポストがなくなり、人間の役割が問い直されるまでに至りました。この影響は、すでに学びの場、学校や大学にも及んでいます。

　これまで生徒に対してスマートフォンの使用を制限していた中学や高等学校では、タブレットが導入され、AIを使う生徒の姿に教師が戸惑う光景が見られるようになりました。教室で、AIなどの先進科学技術を利用しながら、子どもたちに、何を、どのように学ばせるべきなのか。これは避けて通れない目の前のことで、教育者はいま、その解を求められています。

　しかし、学校現場は日々の業務に忙殺されており、立ち止まって現状を見直し、高い視点に立って将来を見据えて考える、そんな時間的余裕などはとてもありません。ただただ、「これでいいわけはない」「今後に向けてどのような教育があるべきか」

など、焦燥感だけが募る毎日。

この書籍は、そのような状況にたまりかねた著者が、仲間うちの教育関係者に訴えかけて円卓会議を開いた、そのときに話された内容を記録したものです。まずは、僭越ながら著者が基調講演をおこない、続いて小学校から高等学校までの現場の先生方、そして教育委員会の指導主事の先生方にグループ討議をしていただきました。それぞれの教育現場における課題や懸念、今後やるべき取り組みやアイデアの提示を自由に話し合い、互いに共有しました。そして、それを受けて、大学の異なるご専門の先生方から、大学としていかなる変革が必要となるか、コメントを頂戴しました。実に有益なご示唆をいただくことができました。

では、私たちはどのような一歩を歩み出すべきなのでしょうか。社会の変化は非常に早い。

そこで、小学校から高等学校までの学校教育に多大な影響を及ぼしている大学教育に着目しました。それはまた、輩出する卒業生を通して社会に対しても大きな影響を及ぼす存在です。一九七〇年にOECDの教育調査団から、まるでレジャーランドの如くという評価を受けてから半世紀以上が経ちました。もはや、このまま変わらずにはいられない大学教育に関して、大胆かつ具体的に、これからの日本に求められる理想としての大学の姿を提示してみました。遠いぼんやりした次世紀の大学ではなく、シンギュラリティが到来しているかもしれない、二〇五〇年を具体的にイメージしたとき、どういう教育理念で、どのようなカリキュラムを、どのような教授法で実施するのか。いま現在の制約をすべて取り払い、自らが主体的に動ける人材を生み出すために、妥協を廃して考えた具体的なアイデアを提示する。この奇抜な挑戦をやってみました。

このような大学がもし本当に出現したなら、社会にどのようなインパクトを及ぼすでしょうか。消滅しつつある、けれど本来は資源豊かな地方に設立されたら、どれほどの効果を生み出すでしょうか。その影響が共鳴しだせば、日本全体の教育を変えていくことにもつながるのではないでしょうか。

そんな希望を乗せて、この書籍を世に出させていただきました。批判も含め、大いに議論が弾む、その礎となることを願っています。

\500/
点目の新刊

未来の教育を語ろう

關谷 武司[編著]

A5判／一九四頁
二五三〇円（税込）

超テクノロジー時代の到来を目前にして現在の日本の教育システムをいかに改革するべきか「教育者」たちからの提言。

五〇〇点刊行記念 関西学院大学出版会の草創期を語る

関西学院大学出版会の誕生と私

荻野 昌弘（おぎの まさひろ） 関西学院理事長

一九九五年は、阪神・淡路大震災が起こった年である。関西学院大学も、教職員・学生の犠牲者が出て、授業も一時中断した。この年の秋、大学生協書籍部の谷川恭生さんと神戸三田キャンパスを見学しに行った。新しいキャンパスに総合政策学部が創設されたのは、震災が起こった一九九五年の四月のことである。震災という不幸にもかかわらず、神戸三田キャンパスの新入生は、活き活きとしているように見えた。

その後、三田市ということで、三田屋でステーキを食べた。その時に、私が、そろそろ、単著を出版したいと話して、具体的な出版社名も挙げたところ、谷川さんがそれよりもいい出版社があると切り出した。それは、関西学院大学生活協同組合出版会のことで、たしかに蔵内数太著作集全五巻を出版していた。生協の出版会を基に、本格的な大学出版会を作っていけばいいという話だった。

震災は数多くの建築物を倒壊させた。それは、不幸なできごとであったが、そこから新たな再建、復興計画が生まれる。何か新しいものを生み出したいという気運が生まれてくる。私は、谷川さんの新たな出版会創設計画に大きな魅力を感じ、積極的にそれを推進したいという気持ちになった。

そこで、まず、出版会設立に賛同する教員を各学部から集め、設立準備有志の会を作った。岡本仁宏（法）、田和正孝（文）、田村和彦（経＝当時）、広瀬憲三（商）、浅野考平（理＝当時）の各先生が参加し、委員会がまず設立された。また、経済学部の山本栄一先生から、おりに触れ、アドバイスをもらうことになった。

出版会を設立するうえで決めなければならないのは、まずその法人格をどのようにするかだが、これは、財団法人を目指す

任意団体にすることにした。そして、何よりの懸案事項は、出版資金をどのように調達するかという点だった。あるときに、たしか当時、学院常任理事だった、私と同じ社会学部の髙坂健次先生から山口恭平常務に会いにいけばいいと言われ、単身、常務の執務室に伺った。山口常務に出版会設立計画をお話し、資金を融通してもらいたい旨お願いした。山口さんは、社会学部の事務長を経験されており、そのときが一番楽しかったという話をされ、その後に、一言「出版会設立の件、承りました」と言われた。事実上、出版会の設立が決まった瞬間だった。

その後、書籍の取次会社と交渉するため、何度か東京に足を運んだ。そのとき、谷川さんと共に同行していたのが、今日まで、出版会の運営を担ってきた田中直哉さんである。東京出張の折には、よく酒を飲む機会があったが、取次会社の紹介で、高齢の女性が、一人で自宅の応接間で営むカラオケバーで、バラのリキュールを飲んだのが、印象に残っている。

取次会社との契約を無事済ませ、社会学部教授の宮原浩二郎編集長の下、編集委員会が発足し、震災から三年後の一九九八年に、最初の出版物が刊行された。

ところで、当初の私の単著を出版したいという目的はどうなったのか。出版会設立準備の傍ら、執筆にも勤しみ、第一回の刊行物の一冊に『資本主義と他者』を含めることがかなっ

『**資本主義と他者**』1998年
資本主義を可能にしたものは? 他者の表象をめぐる闘争から生まれる、新たな社会秩序の形成を、近世思想、文学、美術等の資料をもとに分析する

た。新たな出版会で刊行したにもかかわらず、書評紙にも取り上げられ、また、読売新聞が、出版記念シンポジウムに関する記事を書いてくれた。当時大学院生で、その後研究者になった方々から私の本を読んだという話を聞くことがあるのは、それなりの反響を得ることができたのではないか。書店で『資本主義と他者』を手にとり、読了後すぐに連絡をくれたのが、当時大阪大学大学院の院生だった、山泰幸人間福祉学部長である。また、いち早く、論文に引用してくれたのが、今井信雄社会学部教授(当時、神戸大学の院生)で、今井論文は後に、日本社会学会奨励賞を受賞する。出版会の立ち上げが、新たなつながりを生み出していることは、私にとって大きな喜びであり、出版会が、今後も知的ネットワークを築いていくことを期待したい。

五〇〇点刊行記念　関西学院大学出版会の草創期を語る

草創期をふり返って

宮原　浩二郎　関西学院大学名誉教授

　関西学院大学出版会の刊行書が累計で五〇〇点に到達した。ホームページで確認すると、設立当初の一〇年間は毎年一〇点前後、その後は毎年二〇点前後のペースで刊行実績を積み重ねてきたことがわかる。あらためて今回の「五〇〇」という大台達成を喜びたい。

　草創期の出版企画や運営体制づくりに関わった初代編集長として当時をふり返ると、何よりもまず出版会立ち上げの実務を担った谷川恭生氏の面影が浮かんでくる。当時の谷川さんは関学生協書籍部の「マスター」として、関学内外の多くの大学教員や研究者を知的ネットワークに巻き込みながら、学術書を中心に本の編集、出版、流通、販売の仕組みや課題を深く研究し、全国の書店や出版社、取次会社に多彩な人脈を築いていた。谷川さんに連れられて、東京の大手取次会社を訪問した帰りの新幹線で、ウィスキーのミニボトルをあけながら夢中で語り合い、気がつくともう新大阪に着いていたのをなつかしく思い出す。

　数年後に病を得た谷川さんが実際に手にとることができた新刊書は当初の五〇点ほどだったはずである。今や格段に充実した刊行書のラインアップに喜び、深く安堵してくれているにちがいない。それはまた、谷川さんの知識経験や文化遺伝子を引き継いだ、田中直哉氏はじめ事務局・編集スタッフによる献身と創意工夫の賜物でもあるのだから。

　草創期の出版会はまず著者を学内の教員・研究者に求め「関学(の)」学術発信拠点としての定着を図る一方、学外の大学教員・研究者にも広く開かれた形を目指していた。そのためすでに初期の新刊書のなかに関学教員の著作に混じって学外の大学

教員・研究者による著作も見受けられる。その後も「学内を中心にしながら、学外の著者にも広く開かれている」という当初の方針は今日まで維持され、それが刊行書籍の増加や多様性の確保にも少なからず貢献してきたように思う。

他方、新刊学術書の専門分野別の構成はこの三〇年弱の間に大きく変わってきている。たとえば出版会初期の五年間と最近五年間の新刊書の「ジャンル」を見比べていくと、現在では当初よりも全体的に幅広く多様化していることがわかる。「社会・環境・復興」(災害復興研究を含むユニークな「ジャンル」や「経済・経営」は現在まで依然として多いが、いずれも新刊書全体に占める比重は低下し、「法律・政治」「福祉」「宗教・キリスト教」「関西学院」「エッセイその他」にくわえて、当初は見られなかった「言語」や「自然科学」のような新たな「ジャンル」が加わっている。何よりも目立つ近年の傾向は、「哲学・思想」や「文学・芸術」のシェアが顕著に低下する一方、「教育・心理」や「国際」、「地理・歴史」のシェアが大きく上昇していることである。

こうした「ジャンル」構成の変化には、この間の関西学院大学の学部増設(人間福祉、国際、教育の新学部、理系の学部増設など)がそのまま反映されている面がある。ただ、その背景には関学だけではなく日本の大学の研究教育をめぐる状況の変化もあるにちがいない。思い返せば、関西学院大学出版会の源流の一つに、かつて谷川さんが関学生協書籍部で編集していた書評誌『みくわんせい』(一九八八-九二年)がある。それは当時の「ポストモダニズム」の雰囲気に感応し、最新の哲学書や思想書の魅力を伝えることを通して、専門の研究者や大学院生だけでなく広く読書好きの一般学生の期待に応えようとする試みでもあった。出版会草創期の新刊書にみる「哲学・思想」や「文学・芸術」のシェアの大きさとその近年の低下には、そうした一般学生・読者ニーズの変化という背景もあるように思う。

関西学院大学出版会も着実に「歴史」を刻んできたことにあらためて気づかされる。これから二、三十年後、刊行書「一〇〇点」達成の頃には、どんな「ジャンル」構成になっているだろうか、今から想像するのも楽しみである。

『みくわんせい』
創刊準備号、1986年

この書評誌を介して集った人たちによって関西学院大学出版会が設立された

関西学院大学出版会への私信

田中 きく代
関西学院大学名誉教授

五〇〇点刊行記念 これまでの歩み

私は出版会設立時の発起人ではありませんでしたが、初代理事長の荻野昌弘さん、初代編集長の宮原浩二郎さんから設立のお話をいただいて、気持ちが高まりワクワクしたことを覚えています。発起人の方々の熱い思いに感銘を受けてのことで、「田中さん、研究発進の出版部局を持たないと大学と言えないよね」という誘いに、もちろん「そうよね‼」と即答しました。皆さんの良い本をつくりたいという理想も高く、何度も会合がもたれました。ことに『理』の責任者であった生協の書籍におられた谷川恭生さんのご尽力は並々ならないものであったと感謝しております。谷川さんを除けば、皆さん本屋さんの出版にはさほど経験がなく、苦労も多かったのですが、苦労よりも新しいものを生み出すことに嬉々としていたように思います。私は、設立から今日まで、理事として編集委員として関わらせていただき、一時期には理事長の要職に就くことにもなりましたが、荻野さん、宮原さん、山本栄一先生、田村和彦さん、大東和重さん、前川裕さん、田中直哉さん、戸坂美果さんと、指を折りながら思い返し、多くの編集部の方々のおかげで、やってくることができたと実感しています。五〇〇冊記念を機に、まずは感謝を申し上げ、いくつか関西学院大学出版会の「いいとこ」を宣伝しておきたいと思います。

「関学出版会の『いいとこ』は何？」と聞かれると、本がとても「温かい」と答えます。出版会の出版目録を見ていると、それぞれの本が出来上がった時の記憶が蘇ってきますが、どの本も微笑んでいます。教員と編集担当者が率先して一致協力して運営に関わっていることが、妥協しないで良い本をつくろうとすることからくる真剣な取り組みとなっているのです。出版

会の本は丁寧につくられ皆さんの心が込められているのです。また、本をつくる喜びも付け加えておきます。毎月の編集委員会では、新しい企画にいつもドキドキしています。私事ですが、私は歴史学の研究者の道を歩んできましたが、同時にどこかでいつか本屋さんをやりたいという気持ちがあったことは否定できません。関学出版会では、自らの本をつくる時など特にそうですが、企画から装丁まですべてに自分で直接に関わることができるのです。こんな嬉しいことがありますか。

皆でつくるということでは、夏の拡大編集委員会の合宿も思い出されます。毎夏、有馬温泉の「小宿とうじ」で実施されてきましたが、そこでは編集方針について議論するだけではなく、毎回「私の本棚」「思い出の本」「旅に持っていく本」などの議題が提示されました。自分の好きな本を本好きの他者に「押しつけ?」、本好きの他者から「押しつけられる?」楽しみを得る機会が持てたことも私の財産となりました。夕食後には皆で集まって、学生時代のように深夜まで喧々諤々の時間を過ごしてきたことも楽しい思い出です。今後もずっと続けていけたらと思っています。

記念事業としては、設立二〇周年の一連の企画がありましたが、記念シンポジウム「いま、ことばを立ち上げること」では、田村さんのご尽力で、「ことばの立ち上げ」に関わられた諸氏にお話しいただき、本づくりの大切さを再確認することができました。今でも「投壜通信」という「ことば」がビンビン響いてきます。文字化される「ことば」に内包される心、誰かに届けたい「ことば」のことを、本づくりの人間は忘れてはいけないと実感したものです。

インターネットが広がり、本を読まない人が増えている現状で、今後の出版界も変革を求められていくでしょうが、大学出版会としては、学生に「ことば」を伝える義務があります。ネット化を余儀なくされ「ことば」を伝えるにも印刷物ではなくなることも増えるでしょう。だが、学生に学びの「知」を長く蓄積し生涯の糧としていただくには、やはり「本棚の本」が大切だと思います。出版会の役割は重いですね。

『いま、ことばを立ち上げること』
K.G.りぶれっとNo. 50、2019年
2018年に開催した関西学院大学出版会設立20周年記念シンポジウムの講演録

五〇〇点刊行記念 これまでの歩み

ふたつの追悼集

田村 和彦 関西学院大学名誉教授

荻野昌弘さんの原稿で、一九九五年の阪神淡路の震災が出版会誕生の一つのきっかけだったことを思い出した。今から三〇年前になる。ぼく自身は一九九〇年に関西学院大学に移籍して間もなくだった。震災との直接のつながりは思いつかないが、新たな出発に向けての思いが大学に満ちていたことは確かである。

ぼく自身と出版会とのかかわりは、当時関学生協書籍部にいた谷川恭生さんに直接声をかけられたことから始まる。谷川さんの関西学院大学出版会発足にかけた情熱については、本誌で他の方々も触れているとおりである。残念ながら、出版会がどうやら軌道に乗り始めた二〇〇四年にわずか四九歳で急逝した谷川さんには、翌年に当出版会が出した追悼文集『時〈カイロス〉の絆』に学内外の多くの方々が思いを寄せている。出版会についていえば、前身には発足の十年近く前から谷川さんが発行していた書評誌『みくわんせい』があったことも忘れえない。『みくわん

せい』のバックナンバーの書影は前記追悼集に収録されている。出版会を立ちあげて以来発行されてきたこの小冊子『理』にしても、最初は彼が構想する大学発の総合雑誌の前身となるべきものだったと記憶している。「理」を「ことわり」と読むことにこだわったのも彼である。谷川さんのアイデアは尽きることなく広がり、何度かの出版会主催のシンポジウムも行われた。そんななか、出版会が発足してからもいつもは外野のにぎわわせ役を決めこんでいたぼくに、谷川さんから研究室に突然電話が入り、「編集長になりませんか」という依頼があった。なんとも闇雲な頼みで、答えあぐねているうちにいつの間にやら引き受けることになってしまった。その後編集長として十数年、その後は出版会理事長として谷川さんが蒔いた種から育った出版会の活動を、不十分ながら引き継いできた。

関学出版会を語るうえでもう一人忘れえないのが山本栄一氏で

ある。山本さんは阪神淡路の震災の折、ちょうど経済学部の学部長で、ぼく自身もそこに所属していた。学部運営にかかわる面倒なやり取りに辟易していたぼくだが、震災の直後に山本さんが学部活性化のために経済学部の教員のための紀要刊行費を削って、代わりに学部生を巻きこんで情報発信と活動報告を行う経済学部広報誌『エコノフォーラム』を公刊するアイデアを出したときには、それに全面的に乗り、編集役まで買って出た。それをきっかけに学部行政以外のつき合いが深まるなかで、なんとも型破りで自由闊達な山本さんの人柄にほれ込むことになった。

発足間もない関学出版会についても、学部の枠を越えて、教員ばかりか事務職にまで関学随一の広い人脈を持つ山本さんの「拡散力」と「交渉力」が大いに頼みになった。一九九九年に関学出版会の二代目の理事長に就かれた山本さんは、毎月の編集会議にも、当時千刈のセミナーハウスで行なわれていた夏の合宿にも必ず出席なさった。堅苦しい会議の場は山本さんの一見脈絡のないおしゃべりをきっかけに、どんな話題に対しても、誰に対しても開かれた、くつろいだ自由な議論の場になった。本の編集・出版という作業は、著者だけでなく、編集者・校閲者も巻きこんで、まったくの門外漢や未来の読者までを想定した、実に楽しい仕事になった。山本さんは二〇〇八年の定年後も引き続き出版会理事長を引き受けてくださったが、二〇一二年に七一歳で亡く

なられた。没後、関学出版会は上方落語が大好きだった山本さんを偲んで『賑わいの交点』という追悼文集を発刊している。出版会発足二八年、刊行点数五〇〇点を記念するにあたって特にお二人の名前を挙げるのは、お二人のたぐいまれな個性とアイデアが今なお引き継がれていると感じるからである。二つの追悼集のタイトルをつけたのは実はぼくだった。いま、それを久しぶりに紐解いていると関西学院大学出版会の草創期の熱気と、それを継続させた人的交流の広さと暖かさとが伝わってくる。

『賑わいの交点』
山本栄一先生追悼文集、
2012年（私家版）
39名の追悼寄稿文と、
山本先生の著作目録・
年譜・俳句など

『時（カイロス）の絆』
谷川恭生追悼文集、
2005年（私家版）
21名の追悼寄稿文と、
谷川氏の講義ノート・
『みくわんせい』の軌跡
を収録

連載 **スワヒリ詩人列伝**　小野田 風子

第8回　政権の御用詩人、マティアス・ムニャンパラの矛盾

スワヒリ語詩、それは東アフリカ海岸地方の風土とイスラム的伝統に強く結びついた世界である。そのなかで、内陸部出身のキリスト教徒として初めてシャーバン・ロバート（本連載第2回「理59号」参照）に次ぐ大詩人として認められたのが、今回の詩人、マティアス・ムニャンパラ (Mathias Mnyampala, 1917-1969) である。

ムニャンパラは一九一七年、タンガニーカ（後のタンザニア）中部のドドマで、ゴゴ民族の牛飼いの家庭に生まれる。幼いころから家畜の世話をしつつ、カトリック教会で読み書きを身につけた。政府系の学校で法律を学び、一九三六年から亡くなるまで教師や税務署員、判事など様々な職に就きながら文筆活動を行った。これまでに詩集やゴゴの民族誌、民話など十八点の著作が出版されている (Kyamba 2016)。

詩人としてのムニャンパラの最も重要な功績とされているのは、「ンゴンジェラ」 (ngonjera) 注1 という詩形式の発明である。

独立後のタンザニアは、初代大統領ジュリウス・ニェレレの強い指導力の下、社会主義を標榜し、「ウジャマー」(Ujamaa) と呼ばれる独自の社会主義政策を推進した。ニェレレは当時のスワヒリ語詩人たちに政策の普及への協力を要請し、詩人たちは UKUTA (Usanifu wa Kiswahili na Ushairi Tanzania) という文学団体を結成した。UKUTAの代表として政権の御用詩人を引き受けたムニャンパラが、非識字の人々に社会主義の理念を伝えるのに最適な形式として創り出したのが、ンゴンジェラである。これは、詩の中の二人以上の登場人物が政治的なトピックについて議論を交わすという質疑応答形式の詩である。ムニャンパラがまとめた詩集『UKUTAのンゴンジェラ』(*Ngonjera za Ukuta I & II*, 1971, 1972) はタンザニア中の成人教育の場で正式な出版前から活用され、地元紙には類似の詩が多数掲載された。

ムニャンパラの詩はすべて韻と音節数の規則を完璧に守った定型詩である。ンゴンジェラ以外の詩では、言葉の選択に細心の注意が払われ、表現の洗練が追求されている。詩の内容は良い生き方を論ずる教訓的なものや、物事の性質や本質を解説するものが目立つ。詩のタイトルも、「世の中」「団結」「嫉妬」「死」など一語が多く、詩の形式で書かれた辞書のようでさえある。美徳や悪徳、無力さといった人間に共通する性質を扱う一方、差別や植民地主義への明確な非難も見られ、人類の平等や普遍性について

書いた詩人と大まかに評価できよう。

一方、ムニャンパラのンゴンジェラは、それ以外の詩と比べて深みや洗練に欠けると言われる。ムニャンパラは「庶民の良心」であることを放棄し、「政権の拡声器」に成り下がったとも批判されている (Ndulute 1985: 154)。知識人が無知な者を啓蒙するというンゴンジェラの基本的な性質上、確かにそこには、人間や物事の単純化や、善悪の決めつけ、庶民の軽視が見られる。人間の共通性や普遍性に焦点を当てるヒューマニズムも失われている。表現の推敲もあまり見られず、政権のスローガンをただ詩の形式に当てはめただけのようである。以下より、ムニャンパラのンゴンジェラが収められている『UKUTAのンゴンジェラI』と、一般的な詩が収められている『ムニャンパラ詩集』(Diwani ya Mnyampala, 1965)、そして『詩の教え』(Waadhi wa Ushairi, 1965) から、実際にいくつか詩を見てみよう。

『UKUTAのンゴンジェラI』内の「愚かさは我らが敵」では、「愚か者」が以下のように発言する。「みんな私をバカだと言う/学のない奴と/私が通るとみんなであざけり 友達でさえ私を笑う/悪口ばかり浴びせられ 言葉数さえ減ってきた/さあ、確かなことを教えてくれ 私のどこがバカなんだ?」それに対し、「助言者」は、「君は本当にバカだな そう言われるのももっともだ/だって君は無知 教育されていないのだから/君は幼子、背負われた子どもだ/教育を欠いているからこそ 君はバカなのだ」と切り捨てる。その後のやり取りが続けられ、最後には「愚か者」が、「やっと理解した 私の欠陥を/勉強に邁進しさから抜け出そう/そして味わおう 読書の楽しみを/確かに私はバカだったのだ」と改心する (Mnyampala 1970: 14-15)。

一方、『詩の教え』内の詩「愚か者こそが教師である」では、「愚か者」についての認識に大きな違いがある。詩人は、「愚か者はこし器のようなもの 知覚を清めることができる/愚か者こそが、賢者を教える教師なのである」(Mnyampala 1965b: 55) と、ンゴンジェラとは異なる思慮深さを見せる。また、上記のンゴンジェラに見られる教育至上主義は、『詩の教え』内の別の詩「高貴さ」とも矛盾する。

たとえば人の服装や金の装身具/あるいは大学教育や宗教の知識に驚かされることはあっても/それが人に高貴さをもたらすわけではない そういったものに惑わされるな/服は高貴さとは無縁だ 高貴さとは信心なのだ 読書習慣とは関係ない/スルタンであることや、ローマ人やアラブ人であることでもない/それは心の中にある信心 慈悲深き神を知ること/騒乱は高貴さには似合わない 高貴さとは信心なのだ (Mnyampala 1965b: 24)

同様の矛盾は、社会主義政策の根幹であったウジャマー村に

ついての詩にも見出せる。一九六〇年代末から七〇年代にかけて、平等と農業の効率化を目的として、人工的な村における集団農業の実施が試みられた。『UKUTAのンゴンジェラ』内の詩「ウジャマー村」では、政治家が定職のない都市の若者に、村に移住し農業に精を出すよう諭す。若者は、「彼らが言うのだ 私たちは町を出ないといけないと／ウジャマー村というが 何の利益があるんだ？」と疑問を投げかけ、「この私がどんな利益を上げられるだろう？／体には力はなく 何も収穫することなどできない」、「なぜ一緒に暮らさないといけないのか どういう義務なのか？／せっかくの成果を無駄にして もっと貧しくなるだろう」と移住政策の有効性を疑問視し、「私はここの馴染みだ 私の人生は町にある／私はここで丸々肥えて いつも喜びの中にある／もし村に住んだなら 骨と皮だけになってしまう」と懸念する。それに対し政治家は、「町を出ることは重要だ 共に村へ移住しよう／恩恵を共に得て 勝者の人生を歩もう」、「みんなで一緒に住むことは 国にとって大変意義のあること／例えば橋を作って 洪水を防ぐことができる／一緒に耕すのも有益だ 経済的成果を上げられる」とお決まりのスローガンを並べるだけである。にもかかわらず若者は最終的に、「鋭い言葉で 説得してくれてありがとう／怠け癖を捨て 鍬の柄を握ろう／そして雑草を抜いて 村に参加しよう／ウジャマー村には 確かに利益がある」

と心変わりをするのである (Mnyampala 1970: 38-39)。

この詩は、その書かれた目的とは裏腹に、若者の懸念の妥当性と、政治家の理想主義の非現実性とを強く印象づける。以下の詩を書いたときのムニャンパラ自身も、この印象に賛同してくれるはずである。『ムニャンパラ詩集』内の詩「農民の苦労」では、農業の困難さが写実的かつ切実につづられる。

はるか昔から 農業には困難がつきもの／まずは原野を開墾し 枯草を山ほど燃やす／草にまみれ 一日中働きづめだ／農民の苦労には 忍耐が不可欠 心変わりは許されぬ／毎日夜明け前に目を覚まし／すぐに手に取るのは鍬 あるいは鍬の残骸／農民の苦労には 忍耐が不可欠

森を耕し キビを植え 草原を耕しモロコシを植え／たとえ一段落しても いびきをかいて眠るなかれ／動物が畑にやってきて 作物を食い荒らす／農民の苦労には 忍耐が不可欠 (三連略)

いつ休めるのか いつこの辛苦が終わるのか／イノシシやサルに怯えて暮らす苦しみが？／収穫の稼ぎを得る前から 疑念が膨らむばかり／農民の苦労には 忍耐が不可欠

キビがよく実ると 私はひたすら無事を祈る／すべての枝が花をつける時 私の疑いは晴れていく／そして鳥たちが舞い

降りて　私のキビを狙い打ち／農民の苦労には　忍耐が不可欠（二連略）

農民は衰弱し　憐れみを掻き立てる／その顔はやせ衰え　見る影もない／すべての困難は終わり、農民はついに収穫するみずからの終焉を／農民の苦労には　忍耐が不可欠（Mnyampala 1965a: 53-54）

ウジャマー村への移住政策は遅々として進まず、一九七〇年代に入ると武力を用いた強制移住が始まる。しかしムニャンパラは『詩の教え』内の「政治」という詩には「国民に無理強いするのは、政府のやることではない」という一節がある (Mnyampala 1965b: 5)。ムニャンパラがもう少し長く生き、社会主義政策の失敗を目の当たりにしていたなら、「政権の拡声器」か「庶民の良心」か、どちらの役割を守っただろうか。

ムニャンパラは、時の政権であれ、身近なコミュニティであれ、そこから期待された役割を忠実に演じきった詩人と言えるだろう。そのような詩人を前にしたとき、われわれはつい、詩人自身の思いはどこにあるのかと問いたくなる。しかしスワヒリ語詩において重要なのは個人の思いではなく、詩がその時代や社会において良い影響を与え得るかどうかである。社会情勢が変われば詩の内容も変わる。よって本稿のように、詩人の主張が一貫していないことを指摘するのは野暮なのだろう。

社会主義政策は失敗に終わったが、ンゴンジェラは現在でも教育的娯楽として広く親しまれている。特に教育現場では、子どもたちが保護者等の前で教育的成果を発表するための形式として重宝されている。自由詩の詩人ケジラハビ（本連載第6回（『理』参照）は、ムニャンパラの功績を以下のように称えた。「都会の人も田舎の人もあなたの前に腰を下ろう／そしてあなたは彼らを楽しませ、一人一人の聴衆を／ンゴンジェラの詩人へと変えた！」(Kezilahabi 1974: 40)。

注1　ゴゴ語で「一緒に行くこと」を意味するという (Kyamba 2022: 135)。

（大阪大学　おのだ・ふうこ）

参考文献

Kezilahabi, E. (1974) *Kichomi*, Heineman Educational Books.

Kyamba, Anna N. (2022) "Mchango wa Mathias Mnyampala katika Maendeleo ya Ushairi wa Kiswahili". *Kioo cha Lugha* 20(1): 130-149.

Kyamba, Anna Nicholaus (2016) "Muundo wa Mashairi katika *Diwani ya Mnyampala* Juz. 14: 94-109.

Mnyampala, Mathias (1965a) *Diwani ya Mnyampala*, Kenya Literature Bureau.

——— (1965b) *Waadhi wa Ushairi*, East African Literature Bureau.

——— (1970) *Ngonjera za UKUTA Kitabu cha Kwanza*, Oxford University Press.

Ndulute, C. L. (1985) "Politics in a Poetic Garb: The Literary Fortunes of Mathias Mnyampala". *Kiswahili* Vol. 52 (1-2): 143-162.

【4〜7月の新刊】

『未来の教育を語ろう』
關谷 武司［編著］
A5判 一九四頁 二五三〇円

*タイトルは仮題

【近刊】

『宅建業法に基づく重要事項説明Q&A 100』
弁護士法人 村上・新村法律事務所［監修］

『教会暦によるキリスト教入門』
前川 裕［著］

『ローマ・ギリシア世界・東方』
ファーガス・ミラー古代史論集
ファーガス・ミラー［著］
藤井 崇／増永理考［監訳］

KGりぶれっと60『学生たちは挑戦する』
開発途上国におけるユースボランティアの20年
村田 俊一［編著］
関西学院大学国際連携機構［編］

【好評既刊】

『ポスト「社会」の時代』
社会の市場化と個人の企業化のゆくえ
田中 耕一［著］
A5判 一八六頁 二七五〇円

『カントと啓蒙の時代』
河村 克俊［著］
A5判 二二六頁 四九五〇円

『学生の自律性を育てる授業』
自己評価を活かした教授法の開発
岩田 貴帆［著］
A5判 二〇〇頁 四四〇〇円

『破壊の社会学』
社会の再生のために
荻野 昌弘／足立 重和／山泰幸［編著］
A5判 五六八頁 九二四〇円

KGりぶれっと59『基礎演習ハンドブック 第三版』
さあ、大学での学びをはじめよう！
関西学院大学総合政策学部［編］
A5判 一四〇頁 一三二〇円

※価格はすべて税込表示です。

─ 好評既刊 ─
絵本で読み解く 保育内容 言葉

齋木 喜美子［編著］

絵本を各章の核として構成したテキスト。児童文化についての知識を深め、将来質の高い保育を立案・実践するための基礎を学ぶ。

B5判 214頁 2420円（税込）

スタッフ通信

弊会の刊行点数が五百点に到達した。九七年の設立から二八年かかったことになる。設立当初はまさかこんな日が来るとは思っていなかった。ちなみに東京大学出版会の五百点目は一九六二年（設立一一年目）、京都大学学術出版会は二〇〇九年（二〇年目）、名古屋大学出版会は二〇〇四年（二三年目）とのこと。特集に執筆いただいた草創期からの教員理事長をはじめ、歴代編集長・編集委員の方々、そしてこれまで支えていただいたすべての皆様に感謝申し上げるとともに、つぎの千点にむけてバトンを渡してゆければと思う。（田）

コトワリ No. 75　2025年7月発行
〈非売品・ご自由にお持ちください〉

知の創造空間から発信する
関西学院大学出版会

〒662-0891 兵庫県西宮市上ケ原一番町1-155
電話 0798-53-7002　FAX 0798-53-5870
http://www.kgup.jp/　mail kwansei-up@kgup.jp